ENTRE ADULTES
ET ADOLESCENTS

DU MÊME AUTEUR

Interminables adolescences. Les 12-30 ans, Paris, coéd. Cerf-Cujas, 1988.
Le Sexe oublié, Paris, Flammarion, 1990 : coll. « Champ », n° 278, 1993 ; — traduit en grec (Athènes), en portugais (Rio de Janeiro) et en espagnol (Madrid).
Adolescences au fil des jours, Paris, Éd. du Cerf, 1991.
Non à la société dépressive, Paris, Flammarion, 1993.

Collaborations.

« L'état des sexualités, les jeunes et le sida » (*La Psychologie du sida*, sous la dir. du Pr Ruffiot, Bruxelles, Pierre Mardaga, 1989).
« Quand l'éducation sexuelle inhibe la sexualité » (*L'Éducation sexuelle au temps du sida*, sous la dir. du Pr Ruffiot, Toulouse, Privat, 1992).
« Les effets psychologiques du divorce » (*Le divorce est-il une fatalité ?*, Paris, Desclée De Brouwer-ÉPI, 1992).
« Éducation ou Psychothérapie » (*La Famille — Des sciences à l'éthique*, Centurion, Paris, 1995).
De nombreux articles, spécialement dans la *Revue d'éthique et de théologie morale* « Le Supplément » (Éd. du Cerf).

TONY ANATRELLA

ENTRE ADULTES
ET ADOLESCENTS

LES ÉDITIONS DU CERF
PARIS

1995

L'auteur remercie le journal quotidien
La Croix-L'Événement de lui avoir permis
de publier aux Éditions du Cerf
l'ensemble de ses chroniques les plus récentes
concernant l'adolescence.

© *Les Éditions du Cerf*, 1995
(29, boulevard Latour-Maubourg
75340 Paris Cedex 07)

ISBN 2-204-05107-1

INTRODUCTION

La relation aux enfants s'est modifiée au cours de ce siècle. Elle s'est dégagée d'une pratique autoritaire et contraignante, et il est indéniable, qu'en prenant davantage en compte la personne de l'enfant, la communication entre adultes et adolescents s'est améliorée, et c'est tant mieux. D'ailleurs la plupart des adolescents, à quelques exceptions près, se disent satisfaits de leurs relations avec leurs parents. Ils font le même constat avec leurs enseignants, sans doute parce qu'ils acceptent mieux que leurs aînés, au même âge, leur situation psychologique d'adolescents, c'est-à-dire « être en train de grandir ». Les adolescents des années 50-70 faisaient la leçon aux adultes et masquaient, à travers un discours politique, de nombreux problèmes psychologiques qui n'étaient pas reconnus pour eux-mêmes. Ce temps est révolu tout comme ne sont plus d'actualité les plaintes, fondées ou non, contre l'éducation-oppression. De nombreux jeunes ont tendance, aujourd'hui, à demander aux adultes de rester à leur place, et surtout de tenir leur rôle en matière de formation et de préparation de leur avenir. Tel est le sens de la plupart des manifestations juvéniles au cours desquelles des jeunes revendiquent les moyens pour trouver légitimement leur place dans la société.

Nous sommes passés de l'éducation-surveillance, très marquée par les pédagogues du siècle des Lumières, à l'éducation personnalisée influencée, entre autres, par les découvertes de la psychologie et les progrès de la philosophie personnaliste. L'enfant a été de plus en plus reconnu comme une personne dont on veut respecter, non seulement sa dignité, mais aussi sa liberté et son désir. L'échange et le dialogue jouent ainsi, dès le plus jeune âge, un rôle prépondérant et dynamisant dans la relation éducative. Dans cette perspective, on a souhaité favoriser l'autonomie et la capacité à s'assumer dans la vie. En contrepartie les enfants sont davantage renvoyés à eux-mêmes avec l'idée qu'ils doivent s'appuyer sur leurs ressources personnelles plus que sur les adultes.

Ce système a néanmoins ses limites. En effet l'environnement est devenu, au fil des années, moins porteur et nous avons créé les conditions objectives de cette dévalorisation. Dans les années soixante la relation éducative (grâce à laquelle les adultes transmettaient un savoir faire, initiaient aux rites, aux fêtes et aux codes sociaux, inscrivaient dans une histoire familiale et sociale) a été progressivement délaissée au bénéfice de la recherche individuelle. À l'époque ce fut pensable, car nous vivions avec la possibilité de mettre en œuvre un héritage social, culturel et religieux. Mais la transmission s'interrompant, les générations suivantes se sont retrouvées face à un vide qui n'est pas sans conséquences sur le devenir social actuel. Par la suite (dès le milieu des années soixante-dix/quatre-vingt), ce sont les moyens pédagogiques qui ont été négligés. Il suffit pour le constater d'observer l'état des locaux scolaires et du matériel pédagogique. Il faudrait aussi évoquer la formation des enseignants, leurs effectifs, l'architecture moderne des locaux aux matériaux fragiles et précaires qui vieillissent mal... Autant de faits qui montrent à l'évidence que les enfants et l'éducation ne sont pas véritablement considérés comme ils le devraient et que les adultes n'ont pas grand-chose de solide, qui traverse l'histoire, à transmettre aux jeunes.

L'environnement est également devenu moins éducatif car de nombreux adultes ne savent pas toujours se situer face aux enfants et aux adolescents. Ils se plaignent de ne pas savoir comment être éducateur et le doute domine au sujet de ce qu'il faut transmettre, comment respecter la liberté de l'enfant, l'orienter dans des choix.

On nous parle souvent dans la presse du « malaise des jeunes » ! Ce n'est pourtant pas un fait nouveau puisqu'il est inhérent à cet âge de la vie. Sans doute serait-il plus juste d'évoquer le malaise des adultes vis-à-vis des jeunes... Des adultes, qui hésitent dans leur rôle, qui se situent à égalité avec les enfants et qui pensent que ces derniers possèdent en eux tous les éléments pour comprendre la réalité et se développer tout seul. Ils n'auraient plus rien à leur apprendre, alors que les enfants comme les adolescents, ne développent leurs désirs et leur autonomie que dans la mesure où ils sont au contact d'adultes qui leur donnent de quoi se construire. La liberté n'existe pas en soi, elle s'acquiert grâce à l'éducation.

La crainte d'influencer l'enfant, de faire des choix malgré lui, d'en faire un névrosé en intervenant trop dans sa vie sont autant d'idées qui ont donc contribué à s'abstenir de toute relation éducative en pensant que l'enfant, puis l'adolescent, pourrait plus tard choisir ce que ses parents ou ses éducateurs n'auront pas su engager pour lui dans le présent. Étrange perspective : comment en effet est-il possible de choisir quelque chose dont on n'a jamais entendu parler ?

D'autre part on a également substitué à la relation éducative, la relation de négociation au point d'aboutir à des impasses. Si le dialogue est important dans la relation adultes/adolescents, tout n'est pas pour autant négociable et flexible au gré des envies. Il est même plutôt structurant de savoir où sont les limites du possible pour construire son désir et sa relation aux réalités. L'adulte doit être capable de le signifier sinon nous risquons de préparer des individus impulsifs et violents qui ne savent pas élaborer leurs pulsions.

L'enfant a besoin de nourrir son processus d'identification pour se construire et s'il ne trouve pas de matériaux à l'extérieur de lui-même, il va devoir s'appuyer sur ses propres ressources sans que le rôle de l'adulte soit significatif. Mais une fois parvenu à l'adolescence, il risque de rechercher des soutiens pour compenser le sentiment d'un vide intérieur. La prématurité du Moi de l'enfant, qui a dû précocement faire face aux réalités sans autre référence que lui-même, en s'appuyant davantage sur lui-même que sur les adultes, débouche souvent sur des conduites de dépendance et sur l'immaturité de ses fonctions psychiques au lieu de l'aider à devenir autonome.

Tel est le cadre psychologique de ces chroniques qui exposent la vie quotidienne de nombreux adolescents dans leurs relations avec les adultes. Elles ont été ici rassemblées, après avoir été publiées régulièrement dans le journal *La Croix - L'Événement*.

IMAGES DE SOI
ET DE LA SOCIÉTÉ

Dérision, l'art de la dérobade

Ludovic, seize ans, est mal vécu par ses parents depuis qu'il manie un humour graveleux, critique tout, ne croit en rien, ridiculise les idées les plus sérieuses, se moque des gens et répond agressivement à sa famille. À l'image de certaines personnalités médiatiques (acteurs, animateurs, présentateurs) dont il aime à faire référence pour justifier son attitude, il se complaît volontiers dans la dérision.

Ses parents ne savent plus que penser de son attitude. Est-elle l'expression de sa psychologie pubertaire ou faut-il se résigner à admettre qu'il s'agit d'un mode de comportement qui se généralise ?

La dérision est en effet à la mode, mais cette tendance n'explique pas le comportement de Ludovic. La cause est surtout interne à sa personnalité et correspond à la période psychologique qu'il traverse. Ses réactions expriment l'insécurité dans laquelle il se trouve vis-à-vis de son corps, de ses parents et des différentes réalités du monde avec lesquelles il va devoir apprendre à composer sa vie. La découverte des nécessités de l'existence qui ne correspondent pas toujours aux illusions que l'enfant s'est faites sur le monde rend, parfois, agressif et de mauvaise foi le pubère garçon ou fille.

Un sentiment de toute-puissance infantile lui laisse également croire qu'il sait tout, ce qui renforce son impertinence, ses jugements rapides et une assurance plutôt fragile. La psychologie pubertaire des 13-17 ans est, selon les individus, relativement belliqueuse. Mais lorsqu'elle cherche systématiquement à tout discréditer, la dérision est plus le signe d'un besoin de choquer que l'expression de l'humour.

Ce besoin de choquer est une variante de l'agressivité de cet âge qui va de pair avec la découverte de nouvelles réalités dont l'enfant n'avait pas encore conscience. Ces réalités — qu'elles soient intimes, familiales ou sociales — font peur et le jeune adolescent ne sait pas comment les aborder ; on peut même dire qu'il les appréhende avec crainte et méfiance. Sans pouvoir l'accepter, il redoute d'être dépassé par ce qu'il ressent à l'intérieur de lui-même et incertain dans un monde dont il ne maîtrise pas encore toutes les voies d'accès.

La meilleure défense contre la peur, c'est donc une fois de plus l'attaque pour montrer, dans sa volonté de choquer, qu'il n'est pas concerné ni atteint par les transformations de son corps, les changements de ses images parentales et les nouvelles interrogations qui s'imposent à lui. Tout cet ensemble qu'il habille d'une fausse indifférence est isolé de sa personnalité.

Ludovic se sert de la dérision qui règne actuellement dans la communication pour exprimer et justifier la sienne ; ce qui le renforce dans sa faiblesse.

Si la dérision est de mode, c'est que planent dans le champ social l'insatisfaction et l'insécurité, mais aussi une confusion dans les idéaux qui laissent supposer que tout se vaut, que l'intelligence ne serait pas capable d'exercer sa fonction d'analyse et de réflexion pour dégager des vérités universelles et qu'il n'existe pas de hiérarchie de valeurs. Ce mélange égalitaire annule la différence et le sens du respect puisque tout est pareil et semblable à soi. On comprend mieux, alors, le fonctionnement de la dérision qui, tout en voulant choquer les autres, manifeste un déficit qui se retourne contre celui qui la manie.

Cette conduite emprunte aussi les comportements pubertaires car les modèles sociaux de notre société adolescentrique s'identifient à l'affectivité et au raisonnement des adolescents. La dérision est un trait de la psychologie pubertaire qui se prolonge.

Revenons pour conclure à Ludovic. Son besoin de choquer, en ridiculisant et en dépréciant tout, est aussi l'indice d'une peur, et d'une peur de s'engager. La dérision chez l'adolescent, c'est l'art de la dérobade face à ce qui peut lui apparaître absurde. Il doit, en effet, quitter le monde de l'enfance où domine le sens d'une réalité imaginée pour entrer progressivement dans celui de l'adulte qui, lui, est à construire. Il souffre de ce décalage sans le reconnaître, ce qui entretient un manque de sincérité. L'adulte aurait tort de se crisper sur cette attitude provisoire. Sans entrer lui-même dans la dérision, il peut introduire du jeu et de l'humour dans la conversation pour montrer qu'il n'est pas dupe et manifester son aisance face aux réalités de la vie.

Rentrer à l'heure

Depuis plusieurs semaines déjà, Vanessa, quinze ans, n'a qu'une idée en tête : participer à la soirée anniversaire de sa meilleure camarade de classe. Il ne reste plus aux divers invités qu'à obtenir l'autorisation parentale nécessaire. Pour la majorité d'entre eux, cela ne pose guère de difficulté ; en revanche, Vanessa est inquiète car jamais encore elle n'a demandé à ses parents la permission de « sortir » seule un soir. Grande est donc sa surprise lorsque, après avoir défendu sa cause au cours d'un dîner, elle s'entend répondre par sa mère : « D'accord, mais à condition que tu sois rentrée à 23 h 30 ! » Promesse est aussitôt faite car le délai semble raisonnable et, de toute façon, vaut mieux que tous les refus du monde...

Autre situation : Bruno, fier de ses seize ans, a décidé de rester chez un copain pour regarder un film à la télévision : le coup de téléphone passé à ses parents pour les prévenir de ne pas l'attendre pour le repas du soir lui semble largement suffisant, et comme de toute façon le lendemain est un jour sans classe, ils ne doivent pas s'inquiéter : à 22 h 30 il sera rentré.

Vanessa n'était pas chez elle à l'heure dite et quand, s'efforçant de ne faire aucun bruit à 1 heure du matin pour ouvrir la porte de la maison, elle découvrit sa mère assise dans le salon, elle ne put retenir un : « Tu n'es pas couchée ? » qui ne laissait en rien transparaître le moindre soupçon d'une quelconque culpabilité d'avoir ainsi dépassé « un peu » l'heure promise du retour. Prise dans l'ambiance de la fête, elle ne pouvait se douter de l'inquiétude qui rongeait son père et sa mère. Devant les reproches qu'on lui adressait Vanessa ne supporta pas les remontrances pourtant timides de sa mère : elle le lui fit savoir malgré l'heure tardive à force de cris et de porte claquée...

C'est la mère de Vanessa qui me raconta la suite et les conséquences de cette soirée au cours d'un entretien, me disant combien son mari et elle s'en étaient voulus d'avoir ainsi mal accueilli son retour tardif et la crainte qu'ils éprouvaient à présent à faire des remontrances à leur enfant de peur que celle-ci ne leur manifeste de la rancune. « Vous comprenez, elle a quand même quinze ans et toutes ses camarades sortent régulièrement les week-ends. Nous n'osons plus lui défendre de rentrer trop tard ; elle nous a dit que tous les parents de ses copines sont bien plus "cool" que nous, que nous sommes dépassés, qu'elle ne comprend pas qu'on s'inquiète, qu'elle ne voit vraiment pas ce qui pourrait lui arriver, qu'on la considère encore comme un bébé, qu'en fait on ne l'aime pas... Depuis, de peur qu'elle ne se bute, nous avons cédé mais nous sommes sans cesse aux abois quand elle tarde à rentrer : nous n'osons plus la contredire ou faire quoi que ce soit qui pourrait lui déplaire, elle a pris l'habitude de mal nous répondre, nous ne savons plus quoi faire avec elle ! »

La soirée de Bruno s'était également terminée tardivement : après avoir effectivement regardé un film, il s'était laissé aller à visionner une autre vidéo et c'est à minuit qu'il rentra chez lui.

Quand, cinq ans plus tard, il me raconte comment son père et sa mère l'ont « accueilli », ses oreilles rougissent encore. Il se souvient parfaitement avoir passé un sérieux mauvais quart d'heure et que ses maigres explications ne firent guère le poids face à la sévère réprimande que lui valut cette soirée. Certes, sur le coup, il supporta difficilement d'être privé de sortie pendant un temps qui lui sembla très long, il ne comprit pas à cette époque ce qu'il considérait comme une manifestation de « non-amour » à son égard. Mais, peu à peu, il s'est rendu compte de la véritable signification de leur colère : il n'avait pas respecté son engagement et eux avaient réagi « comme des parents ». La réflexion personnelle qu'il a entamée lui permet évidement de prendre du recul sur cet événement, et il saisit, avec le recul, combien fut bénéfique la vive réaction de ses parents : il ne leur en veut pas... « Je voyais bon nombre de copains de l'époque qui faisaient la loi chez eux, on les enviait, mais quand je sais ce que certains sont devenus, je remercie mes parents d'avoir été exigeants ! »

Des adultes se laissent facilement déstabiliser devant les revendications d'indépendance de l'adolescent : ils ne savent pas, voire ont peur de dire « une loi » au moment où l'enfant pense devoir s'en passer. Le refus rigide de toute émancipation comme la permissivité la plus complète ne sont pas des attitudes adaptées. L'adulte qui exerce son rôle sans crainte de perdre l'estime de son enfant permet à l'adolescent de rencontrer des limites nécessaires à des besoins sans fin pour devenir réellement libre.

Marquer sa différence

Ludovic, dix-sept ans, est en classe de première. Son comportement inquiète ses parents à cause de ses coupes de cheveux bizarres et changeantes et de ses tenues vestimentaires excentriques. Son travail scolaire est, selon l'évaluation pertinente de ses enseignants, largement en dessous de la moyenne, faute de travail mais certainement pas de moyens intellectuels.

Il a accepté de consulter, seul, pour faire le point sur lui-même, suivant en cela le conseil de ses parents et d'autres adultes qui craignent une dérive de ses attitudes qui le pousserait à se réfugier dans l'imaginaire plutôt que d'affronter la réalité. Il est donc venu et s'est présenté habillé comme le sont la plupart des adolescents en sweet-shirt, jean et baskets. Mais sa chevelure avait un tout autre aspect, elle était arrangée pour attirer le regard. Les tempes très dégarnies laissaient apparaître une masse de cheveux redressés sur le crâne puis aplatis pour former un plateau laqué couronnant sa tête.

Son regard pétillait dans l'ambivalence d'un sourire mêlé de trouble. Il cherchait visiblement à savoir quel effet pouvait provoquer chez son interlocuteur sa coiffure préférée.

Pendant l'entretien, Ludovic se montre coopératif, il veut bien parler mais ne sait pas « ce qu'il faut dire » ! Il en vient quand même aux raisons de cette consultation en reprenant toutes les observations et les reproches que les adultes lui font à son sujet. Au lycée, il en convient, il pourrait faire mieux ! Sa vie sociale est intéressante, développée et variée dans ses activités et dans ses relations avec les jeunes de son âge. Cette description achevée, il est pris de court et voudrait en dire plus : « Je sens des trucs en moi mais je ne sais pas comment vous les dire. Je n'ai pas l'habitude de parler de moi, vous ne pourriez pas m'aider ? » Il reprend son discours et en vient à parler de ce qu'il ressent vis-à-vis de ses parents, des autres, des images et des sensations qu'il éprouve en lui. Tout étonné de raconter ce qui se passe dans « sa tête », il s'en amuse et s'esclaffe comme dans une BD : « On se prend la tête chez vous ! »

Il est ravi d'exprimer et de réfléchir sa vie et surtout satisfait de prendre de l'importance en présence de quelqu'un qui l'écoute, dialogue, et tente de lui révéler son caractère original.

Il en vient à parler de sa chevelure pour demander si je suis choqué de sa façon d'être coiffé. Je lui réponds que s'il se coiffe ainsi c'est qu'il a ses raisons et que s'il le souhaite nous pourrions en parler. Sautant sur l'occasion, il rebondit et affirme : « Je ne suis pas fou ! Je me coiffe ainsi parce que c'est de mon âge, j'ai besoin d'être différent des autres ! Mais à vingt-quatre ans, ça ne ferait pas sérieux, j'espère que je n'en aurai plus besoin. » Il fait ainsi la distinction entre son comportement présent, avec lequel il se cherche, et celui de l'adulte qui peut ne plus avoir recours à des artifices pour se rassurer.

Les adultes sont souvent déstabilisés par la façon dont l'adolescent s'exprime avec son corps ; il cherche plus à le présenter (à le camoufler) qu'à se présenter lui-même, n'ayant pas encore suffisamment confiance en lui. C'est une donnée banale et classique de cette période de la vie, l'adolescent cherchant à minimiser son corps dans la discrétion vestimentaire, la négligence voire l'extravagance signifiant la peur qu'inspirent ses changements ou encore marquer sa singularité afin d'être reconnu pour lui-même. À travers ces conduites, il s'agit toujours de la même hésitation à grandir et à accepter son corps sexué.

L'adolescent se donne, parfois, des attributs de plus en plus inédits afin d'être quelqu'un de vraiment exceptionnel ; comme il a besoin de se démarquer de son corps d'enfant et des adultes, il se sent ainsi stimulé par ses pairs en se recouvrant d'un semblant de nouvelle peau.

Si à cet âge on se donne des signes de reconnaissance pour que le groupe générationnel soit porteur, on se dit aussi, avec raison, qu'il n'y en a pas deux comme soi : nous sommes là au cœur de l'expérience, la plus radicale, de la différence entre les êtres. Chacun est unique et c'est en se reconnaissant ainsi qu'il pourra développer des relations avec les autres.

Les attributs corporels sont une façon d'occuper son espace en marquant son individualité. Quant aux attributs vestimentaires, ils sont des signes d'appartenance à un groupe ou à une société, et donc indispensables pour situer et favoriser la relation sociale.

L'entourage de Ludovic, en se tracassant de ses formes d'expression, oublie ce qu'est un adolescent ; lui sait bien qu'il cherche à s'apprivoiser, même s'il a peur de lui et fait peur aux autres.

Le rebelle

Arnaud, quatorze ans, arrive, accompagné de sa mère, à la consultation : s'installant dans le salon d'attente, il modifie la disposition des sièges en rapprochant l'un d'entre eux pour s'asseoir au plus près d'elle. Une attitude en contradiction apparente avec le comportement qu'il a à la maison, où il ne cesse de l'agresser ainsi que son père, ses frères et ses sœurs.

La vie familiale est devenue infernale. Il ne cesse de s'exprimer de façon violente à travers des insultes, des grossièretés et des cris, quand il n'est pas possible de lui accorder tout ce qu'il exige. Il n'hésite pas à lever la main sur ses parents et encore plus facilement sur les plus jeunes de la fratrie. Sa scolarité est aussi cahoteuse, surtout à cause de problèmes de discipline.

Arnaud maîtrise le langage, mais il ne sait pas parler autrement qu'en exprimant ses pensées de façon primaire et impulsive : il ne prend pas de recul pour réfléchir sur lui-même et n'est pas capable de transformer ses réactions premières dans des attitudes construites. Il colle à ses impulsions comme il l'est à sa mère, et son besoin de se rapprocher d'elle tout en l'agressant sauvagement traduit qu'il n'a pas réussi à se détacher d'une représentation maternelle de la réalité : il continue de croire qu'il suffit d'en avoir envie pour obtenir immédiatement l'objet convoité.

Quand on lui fait observer que son comportement pose des problèmes, il reste interloqué et ne comprend pas, puisqu'il a toujours vécu ainsi. Comment peut-il admettre que l'on s'oppose à son système ? Arnaud exprime une profonde perturbation de sa relation aux diverses réalités de la vie qui pourrait évoquer un début de psychose : il manifeste, dans son agitation verbale et émotionnelle, des caractères qui sont proches de cette orientation psychique, mais qui peuvent évoluer. Seulement, il ne le désire pas, il veut qu'on le laisse tranquille. Or, il n'est pas souhaitable de le laisser à cette « tranquillité », et la relation psychothérapique va venir bousculer cet univers.

Ses parents sont désemparés devant ses comportements vis-à-vis desquels ils ne savent pas se situer, et l'ont-ils su un jour ?

« Tout ce que nous faisons ne sert à rien. On a beau lui parler, il n'écoute pas, et même si nous le frappons, il ne change pas d'attitude. » Cette remarque résume d'autres propos et témoigne qu'ils n'ont jamais été convaincus de la nécessité d'établir avec leur fils une relation éducative. Ils ont toujours essayé dans l'urgence de résoudre des crises et des conflits sans que se soit vraiment constituée cette relation.

Dès le départ, ils ont voulu le laisser libre de dire et de faire sans jamais le reprendre : ils avaient entendu que les contraintes brimaient l'enfant et son épanouissement, et ont donc décidé de le laisser se nourrir et se coucher quand il le désirait, intervenir dans la vie des adultes selon ses humeurs et caprices, disposer à volonté de nombreux loisirs, se servir dans la caisse commune du ménage… Ils ont répondu à toutes ses demandes, tout en étant agacés de son manque de reconnaissance. Progressivement, ils ont été débordés par ses conduites tyranniques.

Arnaud n'a pas acquis le sens des limites, ni celui du bien et du mal, et encore moins celui de l'effort pour réfléchir et se contrôler dans la croyance naïve qu'un enfant peut s'éduquer tout seul. Il s'est donc identifié au sens implicite contenu, sous prétexte de liberté, dans l'attitude laxiste de ses parents. Leur absence d'exigences est vécue comme un manque d'intérêt à son égard et la réalité n'a pas de valeur, puisqu'il est possible de la manipuler pour répondre à ses envies immédiates.

Traiter un enfant à l'égal des adultes, c'est nier son enfance, sa formation et son développement dans lequel les parents doivent intervenir. Leur négligence à exercer ce rôle risque de détruire le sens de la famille, qui n'a plus de mission éducative, et l'enfant, vécu comme un être achevé, obligé de se passer de cet apport psychologique et moral, renforce sa cruauté pour s'imposer comme être unique et donc asocial.

Sa rébellion est finalement l'expression du refus inconscient du sens de l'idéal de ses parents qui, croyant mettre au monde un être libre, se retrouvent avec un individu prisonnier de ses pulsions. À eux tous à présent de travailler sur eux-mêmes afin de sortir de cet enfermement qui ne peut que conduire Arnaud à la maladie ou à la délinquance.

Avoir confiance en soi

« Je voudrais bien me retrouver parfois sur les genoux de ma mère et faire un grand câlin avec elle. Mais à dix-huit ans, poursuit Séverine en souriant, ce ne serait pas sérieux, je ne suis plus une enfant et encore moins un bébé. » Curieusement, elle a exprimé ce besoin de se rapprocher de sa mère après l'avoir vivement critiquée, injuriée et rejetée du moins dans le discours qu'elle tenait à son sujet pendant sa psychothérapie.

Son histoire subjective maternelle, c'est-à-dire la façon dont elle l'a ressentie pour se situer aujourd'hui en position de reproches à son égard, est relativement simple. Elle lui fait grief de s'être davantage occupée de sa sœur, plus jeune de vingt mois, elle finit par douter d'elle-même et s'étonne toujours que les autres puissent s'intéresser à sa personne. Elle se vit entre le rejet et la dévalorisation alors que scolairement elle a de bons résultats et qu'elle entretient des relations riches et variées. Ces faits objectifs ne changent rien à ce qu'elle éprouve et elle en tient responsable sa mère.

Séverine a mis en place précocement un système d'interprétation de sa relation affective en pensant que sa mère la délaissait. En réfléchissant sur cette situation, elle a voulu savoir si c'est elle qui se racontait des histoires ou si effectivement sa mère l'avait négligée. Très vite elle reconnut que sa mère n'était pas indigne et que, bien au contraire, tous les événements de sa vie familiale enfantine plaidaient en faveur de l'attention maternelle. De plus, sa jalousie à l'égard de sa jeune sœur avait été flagrante et s'atténuait au fil des années ; elles devenaient même davantage complices l'une avec l'autre. Alors pourquoi ce sentiment de ne pas compter pour sa mère ? Participait-il de cette crainte habituelle de l'enfant qui a peur d'être abandonné par ses parents ou d'un événement précis jouant le rôle d'élément déclencheur ?

En s'interrogeant ainsi sur elle-même, Séverine devenait curieuse au sujet de sa petite enfance. Elle apprit qu'à la suite de la naissance de sa sœur, sa mère fut malade pendant quelques mois. Elle dut se faire aider à domicile en conservant auprès d'elle la dernière-née alors que Séverine fut placée pendant sept mois chez un oncle et une tante, pour lesquels d'ailleurs elle a une affection toute spéciale. Ce fut pour elle une véritable révélation de découvrir une séquence entière de son histoire dont elle ne se serait pas souvenue, si ses parents n'avaient pas parlé avec elle pour essayer de lui montrer que rien dans leurs intentions et encore moins dans celles de sa mère ne les avait amenés à sous-estimer leur fille. Séverine sait que ses parents lui ont été attentifs, aussi bien qu'ils le furent pour sa sœur. Mais elle vit avec ce doute sur les intentions réelles de sa mère et comprend mieux maintenant, au regard des événements, pourquoi elle avait cristallisé sur sa relation maternelle l'angoisse d'une enfant quasi abandonnée.

Séverine a souvent agressé sa mère au cours des entretiens en parlant surtout à l'image de sa mère construite dans sa vie interne avant de parvenir à une autre conscience de sa représentation. Certes, la crainte de ne pas être intéressante pour les autres est toujours une préoccupation qu'elle tente de réduire afin de trouver davantage de confiance en elle-même.

Il est fréquent que les adolescents accusent leurs parents de difficultés qu'ils éprouvent. Quant aux parents, ils se sentent facilement coupables lorsqu'ils sont confrontés aux problèmes psychiques de leurs enfants comme s'ils avaient commis une faute ou avaient été incapables d'offrir une relation éducative sans failles. Or, faut-il le rappeler, les parents sont très rarement responsables et encore moins coupables des troubles de l'adolescence de leurs enfants.

L'adolescent qui cherche à renaître en refaisant, sans le savoir, le parcours de sa vie affective pour mettre en place dans sa personnalité des fonctions psychiques inédites contraint aussi les adultes à se poser des questions essentielles sur eux-mêmes. Des questions souvent oubliées ou refusées mais qui sont importantes pour que l'adolescent, en ayant intériorisé sa filiation, puisse accéder à son identité sexuelle et à la confiance en soi. Quand une femme se reconnaît difficilement dans son identification maternelle, elle n'accepte pas vraiment sa féminité et voit sa relation sociale devenir inauthentique. En revanche, en resituant chacun à sa place avec ses limites et ses possibilités, Séverine trouve une nouvelle confiance en elle-même pour grandir et ne pas rester sur des reproches vains.

« *Il fait la tête...* »

Bruno, seize ans, est le grincheux de la famille, grognon, boudeur : bref, il fait la tête sans que sa mauvaise humeur soit en rapport avec des faits réels. Cette attitude dépend principalement des fluctuations de sa conscience psychologique qui semble manquer de confiance.

Il parle peu et quand on lui pose simplement une question ou lorsqu'on lui fait part d'une proposition, sa réponse n'est qu'une vive bordée de sonorités agressives. Cette contraction de mots et de bruits verbaux ne facilite pas la communication ! Bien au contraire, cela indispose tout le monde et chacun se demande ce qu'il a pu faire pour indisposer ainsi Bruno.

Il se réfugie souvent dans sa chambre et fait hurler sa musique obligeant ses parents, ses frères et sœurs, à intervenir pour réduire cet envahissement sonore intolérable. Sa conduite est pour le moins paradoxale, car à la fois il donne l'impression de se protéger des autres et de vouloir les maintenir à distance et, en même temps, il cherche à imposer sa présence de façon violente et impulsive sans aucun souci de la qualité de sa relation avec son environnement.

Il a quand même consenti à venir parler de son comportement bien que, dans un premier temps, il ait refusé cette éventualité prétextant de ne pas être malade. « C'est plus fort que moi, je ne peux pas réagir autrement. Je me sens mal et je ne sais pas pourquoi. J'ai l'impression de ne compter pour personne et je ne veux pas qu'on me fasse la morale. » Je lui propose de réfléchir sur lui-même afin de savoir s'il s'estime vraiment. Il a du mal à se reconnaître et vit le conflit classique de la psychologie pubertaire qui peut se prolonger jusque dans l'âge adulte : n'arrivant pas à s'accepter, il en fait le reproche aux autres, voire à la société, qui devraient changer puisque lui-même ne parvient pas à admettre ses transformations et ses remises en question.

Toutes les situations et tous les arguments sont utilisés pour exprimer une insatisfaction profonde qu'il projette sur les autres. Il pense que ses difficultés ne proviennent que de ses parents, de son éducation et de ses frères et sœurs. Il n'est guère facile de réfléchir avec lui tellement son système de défense l'empêche de se regarder lucidement et de se dire : « Ces idées et ces réactions viennent de moi, de mes frustrations personnelles que je ne parviens pas à réguler. » Il est vrai que plus un individu est narcissique et plus il se refuse, dans sa fragilité, à s'interroger sur ses motivations.

Cette attitude de grogneur constant est sans doute chez Bruno un moyen pour qu'on fasse attention à lui. Il ne sait pas comment s'évaluer ni s'estimer et il attend des autres que lui soit renvoyée une image lui permettant de trouver davantage de confiance en lui. Comme cette interaction fait défaut, il s'en prend à son milieu et pense qu'on le juge et veut lui faire la morale quand on lui rappelle simplement le sens des réalités.

Lorsqu'un individu a ce double sentiment, c'est qu'il souffre d'un sérieux complexe de culpabilité et risque d'interrompre toute réflexion sur lui-même tellement il est angoissé. Il n'est pas facile de lui prêter de l'intérêt qui pourrait très bien être interprété comme un signe de faiblesse et, dans ce cas, il ne souhaite pas lever ses défenses.

Bruno est mal à l'aise « dans sa peau », il a peur et se protège en créant autour de lui une barrière sensorielle. Dès qu'elle est franchie, il hurle presque de douleur morale. À l'évidence, il souffre de cette situation et trouve un certain plaisir masochiste à se faire disputer ou remettre à sa place. N'a-t-il pas découvert que l'on ne s'occupe jamais aussi bien de lui que lorsqu'il a un problème ? C'est ce système qu'il convient de désamorcer en parlant avec lui, si possible de façon exclusive en acceptant des compromis sur des contraintes mais en exigeant qu'il sache respecter les personnes et les réalités afin de se différencier et mieux comprendre l'origine de ses insatisfactions.

Vous avez dit « malaise des jeunes » ?

Le malaise des jeunes serait d'actualité, pourtant il n'est pas un phénomène nouveau. Nous aurions tort de le majorer en laissant croire aux jeunes qu'ils sont une « génération sinistrée » alors qu'ils sont nombreux à vivre des expériences enrichissantes. Certes, les problèmes sont réels, mais chaque génération a les siens et celle d'aujourd'hui n'a rien à envier aux jeunes des périodes précédentes.

Le malaise juvénile est inhérent à cet âge de la vie puisqu'il témoigne des remaniements physiques et psychiques de la personnalité. Beaucoup attribuent leurs difficultés à des causes externes et peuvent ainsi ventiler des conflits de personnalité dans la vie sociale.

L'adolescence est un parcours intérieur et les jeunes doivent justement pouvoir rencontrer autour d'eux des adultes et une société qui représentent une richesse d'identification à partir de laquelle ils vont pouvoir puiser ce dont ils ont besoin pour se construire. Là est justement le problème puisque l'image sociale qui leur est renvoyée est plutôt négative. La génération précédente ne les attend pas et n'a pas grand-chose à leur proposer comme espérance d'avenir. « Nous n'avons rien à vous dire et surtout ne prenez pas appui sur nous » pourrait résumer l'absence de transmission de ces dernières années. Cependant, si des jeunes « yé-yé » et « soixante-huitards » voulaient vivre dans l'indécision et le refus en se coupant de l'histoire, ceux d'aujourd'hui demandent à leurs aînés de jouer leur rôle d'adulte et de les aider à entrer dans la vie. La rage, les violences et les « sans-loi » qui montent des banlieues n'ont rien à voir avec les virulents monômes qui perturbèrent le Quartier latin depuis le siècle dernier jusqu'au milieu de celui-ci. Ils traduisent, entre autres, une carence éducative de jeunes abandonnés à eux-mêmes.

Les jeunes sont souvent le reflet de ce que vivent les adultes : ils n'inventent rien, mais sont le révélateur de l'état de notre société. Les attitudes qu'ils adoptent spontanément sont aussi les symptômes de leurs changements psychologiques, et des dysfonctionnements de la vie affective familiale et sociale. En un sens, ils ne font que manifester les déterminismes et les stéréotypes dans lesquels ils sont. Leurs comportements seront répétitifs et standardisés jusqu'au moment où, riches de leurs identifications, ils apprendront à devenir réellement autonomes et créateurs.

Les clichés actuels invitent les jeunes à s'émanciper précocement, à trouver leurs repères, à construire leur morale et c'est le contraire qui se passe. On fabrique ainsi des personnalités qui recherchent des dépendances pour compenser des manques d'étayage. Non seulement on les enferme dans l'individualisme en leur laissant croire que seule compte la liberté individuelle au détriment d'une responsabilité collective, mais en plus ils sont incités à se débrouiller tout seuls. « À chacun de faire sa vie », dit-on, parce qu'on ne sait pas se situer vis-à-vis d'eux ou pour justifier les cassures du divorce.

Faut-il s'étonner par la suite que certains « jouent avec la radio » pour se faire entendre en tirant la langue, en provoquant par un langage codé, souvent cru, voire vulgaire, en maniant de fausses connaissances, en criant leur angoisse et leur envie de mourir, en utilisant leur corps comme langage quand ils ne savent pas parler

[Note manuscrite dans la marge : Conception selon laquelle il existe un rapport de cause à effet entre les phénomènes physiques, les actes humains, etc]

d'eux, en confondant leurs sentiments avec de l'amour ou leurs représentations avec la réalité et en se plaignant des meurtrissures provoquées par les divorces, les incestes, les viols, etc.

Nous sommes encombrés d'enquêtes sociologiques qui se multiplient, comme si nous ignorions ce qu'est la psychologie juvénile, alors que nous manquons de perspectives pédagogiques et que de nombreux adultes hésitent à se situer en éducateurs. Quant à l'optimisme de séduction que l'on retrouve dans certains commentaires, il masque en fait des interrogations et justifie des comportements à la mode.

Ne pourrait-on, sans démagogie ni complaisance, mettre autant d'ardeur à éduquer les jeunes aux réalités de l'existence qu'on le fait pour leur initiation sexuelle et tant de mises en garde contre les risques de la vie ? Sans doute trop fascinée par la jeunesse, la société est paralysée au point de ne pas avoir confiance dans ses origines et dans son rôle pour transmettre des raisons de vivre et ouvrir l'avenir. Oui malaise il y a, mais n'est-il pas plutôt celui de l'éducation et de tous ceux qui en ont la responsabilité ?

« *Je préfère agir plutôt que parler...* »

Franck, vingt-sept ans, revient consulter, poussé par les événements. Je l'avais suivi entre dix-huit et vingt ans, il souhaitait arrêter de se droguer. Depuis l'âge de 16 ans, il fumait de « l'herbe », puis ce furent des injections d'héroïne durant plusieurs mois. En l'espace de quelques semaines, il s'effondra psychologiquement et socialement. L'absentéisme professionnel, le relâchement des liens familiaux et le désintérêt pour assumer ses tâches quotidiennes le désorganisèrent davantage. Le manque d'argent l'amena à voler mais, devant cette escalade, il eut un moment de lucidité et sut demander de l'aide.

Il accepta de venir régulièrement parler et de réfléchir sur lui. Il était à l'époque en opposition violente contre ses parents qu'il vivait de façon très contraignante en leur reprochant tout. Il avait cherché à affirmer son indépendance en quittant le lycée pour travailler et s'installer dans un logement. Loin de ses parents, il restait quand même avec ses problèmes intérieurs. Ses attitudes de refus et de rejet à leur égard exprimaient son doute de se savoir vraiment accepté et reconnu par eux et en particulier par son père qu'il craignait beaucoup.

Il avait des difficultés à être lui-même. Son *self* plutôt fragile et peu structuré ne lui permettait pas de devenir vraiment psychologiquement autonome comme il le revendiquait. D'ailleurs, plus cette revendication était agressive, et plus il manifestait son assujettissement interne.

Plus il s'opposait et plus il s'isolait, et moins il osait reconnaître qu'il avait besoin des autres. Ses quelques expériences sentimentales étaient restées superficielles sans qu'il puisse développer de réels liens d'attachement. Son affectivité demeurait en marge de sa vie sexuelle, comme le signe de sa crainte d'être dépossédé de lui par autrui. Cette opposition et cette méfiance retournées contre soi-même le conduisaient à se dévaloriser à ses propres yeux et l'acculaient à l'impasse et à se marginaliser. La seule façon d'exister était de se donner l'illusion d'être libre en créant une nouvelle dépendance avec des drogues.

Progressivement, en parlant non sans mal de ce qu'il vivait, il se dégagea de cette position dépressive et de sa conduite toxicomaniaque. Ses relations avec son environnement s'améliorèrent. Parvenu à ce résultat il voulut interrompre sa thérapie en disant qu'il préférait agir plutôt que parler.

J'ai appris par la suite son mariage puis la naissance de ses deux enfants. Maintenant il vient consulter à cause d'eux. Il se dispute souvent avec sa femme, et parfois ils en viennent aux mains. Il craint des répercussions sur leurs enfants qui ont manifestement des comportements et des troubles somatiques en réaction à l'insécurité que représentent leurs parents. De plus, de temps en temps, avec des amis ils fument de « l'herbe »... Il retrouve donc son agressivité d'autrefois, tournée cette fois contre sa femme et ses enfants.

Son opposition d'hier se réactualise avec la même crainte de se sentir soumis et dévalorisé par sa femme et non plus par ses parents. Il souffre de l'expression sexuelle restreinte de son couple et d'en être réduit à des plaisirs solitaires qui accentuent encore plus le malaise. Aller voir ailleurs de temps en temps, il y a pensé, mais

avec le sida... Et puis, dit-il : « En arriver là ce serait la
fin de tout ! » Le divorce ? « Je vois trop autour de moi
les conséquences négatives pour l'accepter. Il me reste
à résoudre le problème qui est en moi et dans notre couple. On veut s'en sortir. Ma femme consulte de son côté
et moi je reviens vers vous. Mais j'ai toujours autant de
mal à parler. Je préfère agir. »

La résolution d'un problème psychologique de cette
nature est rarement possible dans l'agir s'il ne s'accompagne pas d'une réflexion sur soi-même. L'agir est souvent une fuite, pour ne pas avoir à prendre conscience
de soi et favorise les conduites de « mauvaise foi » qui
peuvent gêner une existence et les autres. Vouloir se
débrouiller dans l'action, c'est sans doute le besoin d'affirmer son indépendance, mais s'engager dans un travail
sur soi-même, en cherchant à « faire la vérité », c'est
aussi se donner la chance de devenir libre.

Y a-t-il un adulte sur les ondes ?

Des élèves de terminale me disaient récemment leur étonnement devant la multiplication des émissions de télévision et de radio au sujet des « problèmes » vécus par les adolescents. « Les adultes sont-ils vraiment perdus face aux jeunes pour que les médias ne cessent de parler de nous ? » En effet, leur vie est mise en spectacle comme si on découvrait pour la première fois dans l'histoire l'existence des adolescents qu'il faut ausculter, sonder, consulter tout en leur demandant de résoudre des problèmes de société à la place des adultes.

Ces lycéens ont le sentiment que l'on cherche à faire de l'audience et que des animateurs assurent leur promotion sur leur dos comme le faisait observer un étudiant lors de l'émission « Chelaouat », sur France 2, où la plupart des sujets sont escamotés et abordés de façon superficielle. On multiplie les témoignages qui ajoutent à la confusion plutôt que de favoriser l'analyse, une réelle information et la mise en perspective des enjeux.

Les adolescents font aussi recette sur les antennes ouvertes des radios puisqu'ils sont incités à téléphoner pour raconter leurs préoccupations intimes. Fun Radio avec le « Doc » et son bouffon ; Skyrock avec sa starlette de films « X », Tabata Cash, reconvertie en expert, assistée ici du « toubib ». Ces radios se font la guerre en exploitant misérablement des problèmes humains.

On se donne la garantie de la science et parfois de la morale du « tout est permis sans faire de tort à personne » pour mieux capter les confidences et laisser croire que l'on va délivrer le conseil miracle. Si un certain nombre d'appels d'auditeurs expriment une réelle difficulté à trouver des interlocuteurs adultes et fiables (comme je l'ai déjà fait observer[1]), d'autres cherchent à se raconter et à exhiber des pratiques par besoin de reconnaissance en « parlant dans le poste ».

De nombreux lycéens m'ont aussi avoué qu'ils écoutaient ces radios pour s'amuser et qu'ils ne prenaient guère au sérieux les témoignages et encore moins les conseils. D'ailleurs, ils demandent fréquemment si les conseils qu'ils ont entendus sur les ondes sont pertinents : dans bien des cas il est, en effet, utile de rectifier. Mais ils ne sont pas dupes et sont en meilleure santé que l'image des adolescents fabriquée par ces médias qui, pour d'autres, sert de norme surtout quand le milieu familial et éducatif est fragile et que le discours est tenu au nom de la médecine.

Le ton grossier, vulgaire, salace et infantile des propos de ces émissions se veut, soi-disant, proche du langage des jeunes. Que les jeunes aient une façon toute singulière de détourner le sens du langage ou d'utiliser un parler graveleux n'est pas nouveau. Ces expressions témoignent d'une difficulté à nommer les expériences et les réalités qu'ils vivent d'ailleurs en dépendance de leur psychologie pubertaire. Qu'ils parlent ainsi entre eux est une chose, mais qu'ils s'adressent de cette façon aux adultes, ou que ces derniers s'expriment comme des adolescents, là est le problème.

L'adolescent, en utilisant des termes scatologiques et érotiques, reste encore soumis aux pulsions anales que l'on retrouve dans les plaisanteries ou les injures

---

1. Voir ici « Consultations radiophoniques », p. 169 s. *écrit propos grossier où il est question d'excréments*

« pipi-caca ». Ce langage indique combien le jeune ne parvient pas à développer le contrôle de ses pulsions ni ce qu'il ressent sans pouvoir maîtriser les réalités. En revanche, lorsque des adultes lui parlent d'une façon adulte, et non pas en l'imitant, ils l'aident à élaborer son langage. Notre façon de parler révèle ce que nous vivons.

Toutes ces émissions psychologisantes en direction des jeunes traduisent la difficulté des adultes à savoir se situer vis-à-vis d'eux. Faute de projet éducatif, on leur explique leur psychologie. Elles passeront bientôt de mode et, comme elles auront perverti les problématiques psychologiques, les gens découragés iront chercher encore plus du côté de l'irrationnel. Ce sont alors les émissions, tout aussi trompeuses, consacrées à l'astrologie, la magie et la sorcellerie qui tiendront l'antenne des jeunes. Une fois de plus, il n'y aura pas de parole adulte sur les ondes.

Accepter son âge

Alexandre, dix-neuf ans, vient de perdre son père âgé de quarante-deux ans. Il ne sait pas pourquoi il s'est suicidé. Il l'a peu connu puisqu'il vit seul avec sa mère depuis l'âge de trois ans, au moment où ses parents ont décidé de se séparer. Habitant à l'autre bout de la France, il le rencontrait de façon épisodique depuis quelques années.

Son père ne semblait pas s'intéresser à lui, mais il en parle avec une voix syncopée traversée par des sanglots. Malgré la distance, il savait qu'il avait un père et l'aimait sans lui en vouloir de cette séparation. Il aurait tout de même préféré vivre entre son père et sa mère. « J'espère, plus tard, ne pas faire vivre à mes enfants ce que j'ai vécu. »

« J'ai un gros chagrin, me dit Alexandre, qui veut être professeur d'éducation physique. Ne vous fiez pas à mes apparences. Malgré mon aspect athlétique, je suis encore fragile et, parfois, je m'inquiète de ne pas avoir suffisamment confiance en moi. Vais-je rester faible et peut-être un jour me suicider comme mon père ? Pourtant, je n'ai jamais eu cette pensée, mais j'ai peur que cela ne m'arrive.

« J'avance dans la vie sans trop me poser de questions. Je n'ai pas envie de prendre des responsabilités pour l'instant. Quand j'ai un problème, j'aime bien me retourner vers maman. Elle sait m'aider. »

Alexandre souffre et a peur. Que peut-il faire de son manque de confiance et du sens de mort que son père vient de donner à sa vie ? Le fils est-il ainsi déterminé à reproduire les choix de son père ? L'association « tel père, tel fils » se fait ici comme dans un réflexe évident, alors que cette équation peut être modifiée. La confusion entre son manque de confiance, qui reste après tout un trait de l'adolescence, et le suicide de son père relève de l'amalgame qu'il s'agit de clarifier.

« Le suicide de votre père n'est pas le vôtre et rien ne vous oblige à vous enfermer dans cette détresse et à l'adopter comme une solution lorsque vous êtes confronté aux duretés de la vie. Vous y pensez parce que vous êtes filialement attaché à votre père, mais votre vie n'est pas la sienne. Quant à votre manque de confiance, il est de votre âge, vous êtes jeune, vous avez encore à vous former. Riche de la connaissance de vous-même, de vos prises de conscience face aux réalités, de vos réussites et parfois de vos échecs, mais aussi des choix que vous ferez pour vivre, vous deviendrez plus fort. »

Alexandre, quelque peu situé après ces propos, me parla avec assurance. « C'est vrai, je suis jeune et, parfois, je l'oublie. On nous pousse tellement à savoir nous débrouiller que je panique. Personne ne nous dit que nous ne sommes pas encore finis. Je ne veux pas me sentir grand tout de suite. Je ne suis pas encore adulte. J'accepte mon âge. La vie, c'est peut-être vivre avec l'âge où l'on est. » Cette formule finale est maladroite dans son expression, mais elle a l'art de résumer la dynamique dans laquelle il se trouve pour être en accord avec lui-même. Puis de conclure de façon hypothétique : « Mon père n'a peut-être pas accepté son âge ? Je ne sais pas ! »

De la façon dont il parle de son père, on sent bien qu'il s'est construit par rapport à lui et que la communication avec sa mère est positive, malgré quelques conflits classiques à cette époque de la relation adulte-enfant. Mais il craint que les échecs de ses parents ne rejaillissent automatiquement sur lui.

En effet, l'enfant, s'identifiant à ses parents et aux adultes qui composent son environnement, intériorise principalement les significations à partir desquelles ses aînés organisent leur existence. Si l'imitation est un emprunt passager d'attitudes et de comportements pour s'essayer dans la réalité, l'identification s'appuie toujours sur le sens des faits et gestes de l'adulte. Elle s'enracine dans l'inconscient des parents avec lequel l'enfant communique. C'est pourquoi la crainte de répéter le vécu parental inquiète certains quand il est problématique, alors que d'autres y trouvent une source d'inspiration pour développer, sans le savoir, leur propre intériorité et leur relation aux réalités.

C'est en observant les adultes faire face aux contraintes de l'existence et leur capacité à résoudre les problèmes que l'enfant acquiert une confiance en lui et un savoir-faire significatif.

Alexandre a besoin de prendre de la distance par rapport à l'expérience de ses parents afin de pouvoir développer la sienne et, de ce fait, accéder à son autonomie psychique, c'est-à-dire à pouvoir se reposer sur lui-même et apprendre à s'assumer.

« *Tu en dis trop !* »

Julien, 19 ans, est déçu et découragé de ses relations avec les autres. Il vient de rentrer d'un séjour aux sports d'hiver qui s'est mal passé pour lui. Il ne sait pas pourquoi il devient facilement l'objet de railleries. Il ne supporte plus les conflits qui s'accumulent à partir de sa personne, et encore moins sa mise à l'écart des divers groupes auxquels il participe.

Depuis plusieurs années, un vide relationnel s'est fait autour de lui. Pourtant, jusqu'au milieu de son adolescence, il ne manquait pas d'amis. Sa maison était souvent un lieu de rencontres et même d'activités multiples. Il ne comprend pas ce qui lui arrive, il en souffre et s'en est ouvert dernièrement à ses parents. Son discours était mêlé de larmes, laissant son père et sa mère désappointés devant tant d'incertitudes.

Derrière ses inquiétudes, on devine son besoin légitime d'être reconnu et accepté. Julien, sans pouvoir le dire clairement, cherche à développer sa relation sociale dans ce climat. L'adolescent doit pouvoir recevoir, des autres, une image estimable, dans laquelle il peut se reconnaître et avoir le sentiment qu'il compte pour eux. Cela commence dans sa famille et s'étend ensuite dans le cercle des proches et des amis, jusque dans le milieu professionnel. Le jugement d'autrui, à cet âge, est redoutable pour le devenir de la personnalité sociale : il peut limiter des possibilités, tout comme la confiance réussit à les amplifier.

Le jugement des jeunes, entre eux, est souvent cruel et méconnaît toutes ses répercussions subjectives, surtout lorsque, en plus, ils reprochent aux autres ce qu'ils se reprochent à eux-mêmes sans le savoir. En effet, il arrive fréquemment de condamner chez autrui la tendance que l'on porte en soi-même de façon latente. C'est ce que l'on pourrait qualifier de « racisme des petites ressemblances » et que l'on observe, à une plus grande échelle, chez les membres d'une même société qui finissent par s'agresser et s'entre-tuer.

Quand ce phénomène est enclenché, il produit une mentalité suicidaire qui peut s'exprimer par des mots, par les armes ou par des procès jusqu'à réduire son semblable à ne plus exister.

Julien a le sentiment d'être prisonnier du jugement négatif de ses copains qui le dévalorisent et le ridiculisent. Malgré tout, il recherche leur compagnie, tout en répétant les mêmes attitudes. Que dire à Julien afin de provoquer sa réflexion pour qu'il sorte de cette impasse ? Il sait par expérience qu'il est préférable de se garder de juger autrui. Mais il est souhaitable, dans sa situation, de chercher aussi à savoir ce que peut induire son comportement comme réponse à ce qu'il provoque.

Nous sommes habituellement, dans nos relations, sous l'influence des uns et des autres, et nous pouvons être entraînés, en croyant l'être malgré nous, dans des conduites auxquelles nous n'avions pas pensé. Mais si elles sont vécues, c'est qu'elles correspondent à une interaction inconsciente et nécessaire entre des personnes.

Dans un groupe, Julien est toujours le premier à prendre des initiatives, à s'exprimer et à réagir vivement par rapport à ce qui se passe. Parfois, il se mêle de ce qui ne le regarde pas, il manque de discrétion et se croit obligé de tout raconter de ce qu'il vit personnellement. Il reste impulsif et dit tout haut ce qui lui vient à l'esprit dans n'importe quelle situation.

Un de ses amis, à qui il se plaignait, lui a fait remarquer : « Tu en fais et tu en dis trop. Tu es trop envahissant. Tu nous bouffes ! » Cette observation l'a quelque peu abasourdi. Il en parle encore avec étonnement, car jusqu'à présent, il était persuadé que pour développer ses relations, il était important de s'exprimer et d'être actif. Après un temps de réflexion, il conclut : « Maintenant, je garderai davantage pour moi ce que je pense. »

Julien parlait trop, sans doute parce qu'il ne parvenait pas à réfléchir seul à ce qu'il vivait, aussi bien dans ses relations qu'à l'intérieur de lui-même. Il découvre qu'il n'est pas souhaitable de parler en permanence, ni de raconter sa vie intime, ses fantasmes, ou encore certaines expériences qui ont surtout besoin d'être approfondies dans sa vie mentale.

En agissant autrement, il démontre qu'il ne s'appartient pas. Des jeunes sont déterminés par le mythe d'une parole qui libère, là où elle finit par devenir encombrante et reste le symptôme d'un manque d'intériorité et d'autonomie psychique.

À LA RECHERCHE
DE RITES DE PASSAGE

Histoires de « mob », 13-14 octobre 1991.

L'ère des « totoches », 26-27 juillet 1992.

Le bizutage est-il un rite de passage ?, 4-5 octobre 1992.

« Je retournerais bien au catéchisme ! », 10-11 janvier
    1993.

Les décalés du Mardi gras, 14-15 mars 1993.

«J'ai grugé », 23-24 mai 1993.

« T'are ta gueule à la récré », 3-4 octobre 1993.

« On m'a coupé les ailes », 24-25 octobre 1993.

Histoires de « mob »

Gérald va bientôt avoir quinze ans et, comme il habite la campagne, il ne rêve que d'une chose : avoir sa mobylette. Il a connu le temps de la bicyclette et celui du vieux vélomoteur qui traînait dans une grange et qu'il a repeint et rafistolé tant bien que mal. Mais une heure de route lui coûte à chaque fois une demi-journée les mains dans le cambouis. La vraie « galère ». Lassé de ces séances de mécanique, honteux au regard de ses copains et de leurs machines rutilantes, il rumine son triste sort en feuilletant dans sa chambre le prospectus qu'il a récupéré tout en se désolant à la lecture du tarif. Triste, il se renferme, ne sort presque plus, il est comme le vilain canard.

Sa grand-mère, de passage pour quelques jours, n'est pas dupe de la détresse de son petit-fils. À l'aide de quelques ruses diplomatiques et nombre de promesses de prudence, elle finit par convaincre les parents qu'il est temps d'offrir à Gérald la machine qui fera enfin de lui l'égal des autres jeunes du village. Chacun y va de sa participation financière et, après quelques jours d'attente, la livraison de la mobylette est enfin annoncée. Le petit groupe de copains qui forme le clan s'est réuni à la veille de cette occasion pour préparer, comme il se doit, la réception du nouveau membre. Ils sont donc une dizaine devant la boutique du concessionnaire, mobylettes astiquées, casques au guidon : véritable haie d'honneur. C'est un Gérald au sourire radieux qui repartira en tête de ce cortège où, enfin, il se retrouve au milieu des siens.

Arrêtons-nous maintenant sur une autre histoire de mobylette.

Xavier a dix-sept ans passés. Doué en mécanique, il passe son temps libre dans son sous-sol à bricoler sa mobylette qui, d'un simple engin paisible, s'est vue transformée en monstre pétaradant qui dépasse de loin les normes admises de vitesse et de décibels. La ligne droite qui relie sa maison à la ferme du village est sa piste d'essais.

Hélas un soir, au sortir d'une salle de cinéma, Xavier ne retrouve plus sa « mob ». Équipée comme elle l'était, elle aura sans doute attiré la convoitise d'un petit voleur de pièces détachées et c'est dépouillée de tous ses équipements que les gendarmes la retrouveront au fond d'une mare. Maigre consolation pour Xavier : l'assurance prend en charge les frais de remise en état mais, quand le chèque arrive, Xavier n'a plus du tout envie d'une mobylette. Ses arguments pour convaincre son père se tiennent. « Dans quelques mois, je vais avoir dix-huit ans, l'âge de passer mon permis. Je préfère garder cet argent, continuer à faire des économies pour prendre des leçons de conduite. Et puis la mobylette, j'en ai assez, je ne suis plus un môme. J'ai l'air de quoi quand je dois sortir avec des copains et que j'arrive en bécane, alors que certains ont déjà leur voiture ? »

Xavier feuillette à présent les catalogues automobiles et quand un engin à deux roues un peu bruyant parasite sa chaîne hi-fi, il sort de sa chambre plein de menaces à l'encontre de ce « gamin » qui casse les pieds à tout le village avec sa « mob ».

On l'aura compris à travers ces deux histoires, un monde d'intérêts très différents sépare les 14-17 ans de celui des plus de dix-huit ans, même si se retrouvent les besoins identiques de reconnaissance sociale, d'indépendance et d'affirmation de soi. Les plus âgés veulent toujours se démarquer de la période précédente et manifester qu'ils ont grandi tout en oubliant leurs conduites passées qu'ils dénoncent à présent chez les plus jeunes.

L'acquisition d'un engin motorisé signe la capacité de l'adolescent à se mouvoir seul, d'affirmer son individuation et parfois de se relier à un groupe d'appartenance. La qualité et les performances de l'engin devront être proportionnées à son âge. Si la mobylette est valorisante à quinze ans, à dix-huit ans on la cache. La mobylette comme la voiture exercent plus, dans ce contexte, une fonction psychologique que simplement utilitaire.

Faut-il y voir « un rite d'initiation » qui introduit un peu plus dans le monde et dans la vie au moment où les rites font défaut parce que les adultes se sont refusés d'y recourir ? L'accès à ces moyens de locomotion, s'il sert d'échelle de progrès, n'a pas la valeur d'un rite réel de passage ; il n'en est qu'une modalité et peut-être un maigre essai de ritualisation face aux manques à ce sujet dans notre société. Les adolescents se débrouillent souvent seuls pour trouver leurs marques là où les adultes et la société proposaient, il n'y a pas encore si longtemps, des voies de reconnaissance spirituelle et civique.

L'ère des « totoches »

La sucette de bébé, plus communément appelée « totoche », est le nouvel objet à la mode aussi bien chez les enfants, les adolescents que chez certains adultes. On la trouve en boulangerie, en sucre ou en plastique, mais aussi dans les bijouteries où elle est proposée en métal précieux et ouvragé. En fonction des humeurs de son possesseur, la « totoche » est sucée ostensiblement en public ou, quand elle ne se mange pas, elle se porte autour du cou (le chic étant d'en avoir plusieurs de différentes tailles et couleurs).

Le phénomène n'est pas véritablement récent : j'avais déjà, il y a quelques années, observé dans le sud de la France que des collégiens utilisaient alors de préférence une tétine de biberon accrochée à leur sac. Le luxe était pour eux d'en obtenir une qui avait véritablement servi, certains allaient jusqu'à en acheter une neuve qu'ils faisaient « roder » par le petit frère ou la petite sœur d'un copain si eux-mêmes n'avaient pas de nourrisson à la maison !

Il faut, pour comprendre cette pratique, l'inscrire dans le cours classique du développement de la personnalité : au moment de la puberté, l'adolescent traverse une période régressive en retrouvant l'état premier des pulsions qui partent dans toutes les directions sans qu'il puisse toujours les coordonner. Ces pulsions sont alors vécues à travers une quête de plaisirs partiels, c'est-à-dire sans vision globale de soi-même ou de l'autre. S'il est vrai que l'adolescent a besoin de régresser pour grandir, lorsque cet état dure, au point de continuer à s'exprimer dans sa forme primitive, il traduit alors l'impossibilité de vivre l'évolution de ses processus psychiques : c'est d'ailleurs, entre autres raisons, cet échec qui provoque « la psychologie du toxicomane » qui a de son corps une image morcelée dans laquelle seul un aspect est pris pour le tout.

Pour l'adolescent qui ne parvient pas à assumer et à résoudre les frustrations de la vie, la totoche devient un véritable objet fétiche, signe de l'oralité passive où tous les désirs doivent être satisfaits immédiatement, en l'occurrence à travers une activité de succion autoérotique voire masturbatoire. L'enfant comme très souvent l'adolescent, prend l'un de ses organes comme objet de son propre plaisir : puisqu'il n'a pas encore la capacité d'engager une relation globale avec l'autre, il reste en relation avec des morceaux de corps qui sont aussi bien les siens que ceux d'un autre.

On comprend dès lors le sentiment d'étrangeté corporelle qui apparaît entre treize et dix-huit ans et, à cette époque, le besoin de nouer des relations sur le mode de la dépendance orale. L'autre est aussi recherché pour se protéger, éviter les frustrations de la vie et pour l'amour quasi absolu de tous les instants qu'il peut offrir : dans ce cas, l'adolescent a toujours besoin d'être soutenu, d'avoir la preuve constante qu'il est aimé et reconnu.

La totoche est donc le symptôme d'une psychologie orale qui se maintient dans la dépendance passive ou agressive d'autrui, en le pompant comme un bébé qui ne connaît que le plaisir avec la bouche. Mais l'utilisation de ce substitut de sein ou de biberon est un phénomène très particulier qui nous renvoie également à une signification contemporaine de l'état de l'affectivité des jeunes générations qui ont du mal à mûrir sexuellement. Les représentations sociales et le monde adulte valorisent actuellement la sexualité infantile (masturbation, homo-sexualité, pédophilie, inceste, incertitude affective des parents quand ils divorcent, partenaires multiples, etc.) dont les adolescents souhaitent se dégager parce qu'elle n'a pas d'avenir. Or, faute de modèles plus élaborés, ils se replient sur ce qu'ils connaissent le mieux : la réassu-rance d'eux-mêmes.

Tant que le sens de l'autre n'est pas intégré dans la pulsion sexuelle, c'est la sexualité préliminaire du voir et du toucher partiel qui domine, freinant l'accession à la maturité relationnelle. Le risque actuel est de voir des adolescents s'installer dans cette immaturité faute de trou-ver en face d'eux des adultes eux-mêmes libérés de ces satisfactions enfantines.

La totoche fièrement portée par des adultes manifeste une évidente régression et l'impossibilité pour eux d'avancer affectivement. Quant à celle des adolescents, n'est-elle pas un signal de détresse lancé en forme de provocation à des adultes qui les regardent avec stupeur (ou quelquefois un soupçon d'envie) ? Ne signifient-ils pas, par ces pratiques, qu'ils sont eux-mêmes encore des enfants, voire des bébés, et qu'il faut cesser de les consi-dérer comme des adultes et de leur faire supporter trop tôt des responsabilités qui ne les concernent pas tou-jours ? Lorsque des enfants sont incités à se débrouiller seuls, sans le concours des adultes qui veulent les ren-dre « autonomes » et ce dès l'entrée à la crèche, ils s'épuisent et développent à l'adolescence des relations de dépendance. D'ailleurs, lorsqu'ils s'impliquent préco-cement dans des relations de couples, ne s'appellent-ils pas « bébé » ? Or, à quoi ressemble un adolescent qui suce sa totoche, si ce n'est au nourrisson qui cherche le réconfort près du sein maternel qui lui a manqué ou dont il n'arrive pas à se séparer ?...

Le bizutage est-il
un rite de passage ?

Le bizutage est un sacrifice humain ! Cette affirmation peut surprendre, mais lorsque des jeunes s'y adonnent et que d'autres le subissent on y retrouve le besoin de faire souffrir de façon cruelle comme pour obliger la victime à sacrifier une partie d'elle-même pour être digne d'appartenir au groupe. Mais le bizutage joue-t-il vraiment un rôle d'intégration, ou n'est-il que l'expression d'une carence à ne pas pouvoir se situer socialement ?

Tombé en désuétude dans les années 70 et pratiqué jusque-là surtout dans certaines grandes écoles, le bizutage est réapparu non seulement dans ces dernières mais aussi en milieu lycéen. Nous sommes passés d'une utilisation restreinte et « élitiste » à son élargissement banal à de nombreux établissements dont le caractère de la formation qu'ils dispensent ne nécessite pas un « droit » de passage à moins que les élèves recherchent dans le bizutage une valorisation de leur école ou qu'ils ne sachent plus créer des liens sociaux autrement qu'en étant violents et en injuriant les autres.

Le bizutage a toujours été un jeu d'adolescents dans lequel les anciens font subir aux nouveaux les frayeurs inconscientes que leur inspirent les difficultés vécues pendant leur formation et se vengent de leurs échecs sur les plus jeunes. Certains interprètent le retour du bizutage comme un apprentissage de la solidarité communautaire : et, dans ce cas, la volonté de ne former qu'un seul corps expliquerait les gestes sexuels auxquels on a recours dans la plupart des scénarios. Cependant cette pratique permet-elle une meilleure communication, facilite-t-elle le progrès et la réussite scolaire pour chacun ? Les faits prouvent le contraire et on peut se demander alors quels sont les enjeux ?

Dans son développement psychologique l'adolescent se trouve confronté à des questions d'appartenance : son appartenance sexuelle masculine ou féminine pour acquérir son identité, son appartenance familiale pour se situer dans une filiation, son appartenance à un groupe social pour développer ses compétences, son appartenance à un système de références et de croyance pour travailler le sens de sa vie.

Ces appartenances sont souvent brouillées dans la société actuelle qui ne sait pas dire à ses enfants où se trouve l'idéal. Ils devront donc découvrir par eux-mêmes et de façon très coûteuse ce qui est préférable dans l'existence au regard des nécessités psychologiques, des références morales et d'une dimension spirituelle. Faute de moyens pour organiser leurs diverses appartenances, il n'est pas étonnant d'observer des conduites archaïques et violentes pour adhérer de façon grégaire à un groupe.

À chaque rentrée scolaire les parents et les enseignants assistent de façon impuissante, dans la grande majorité des cas, à des jeux dont certains sont violents, humiliants, vexatoires et qui peuvent conduire à l'hôpital ou laisser un profond traumatisme. Depuis le début de ce siècle, de nombreuses circulaires ministérielles interdisant « les brimades » ont été publiées et depuis quelques années il s'agit simplement de mise en garde. L'ampleur du phénomène ne saurait se contenter de positions ambivalentes et de l'absence éducative des adultes.

Le bizutage, il est vrai, est une activité qui se joue entre adolescents sans la présence des adultes ; il est un rapport de puissance au nom du droit d'aînesse qui laisse supposer au plus jeune que l'aîné a tout pouvoir sur lui allant jusqu'à lui faire frôler la mort.

Il s'agit donc d'une mise en acte du complexe de Caïn, c'est-à-dire d'une jalousie agressive à l'égard de l'autre qui naît à la vie ou arrive dans un groupe et qui est susceptible d'entrer en comparaison ou en rivalité avec soi pour obtenir des bénéfices, une promotion ou une priorité sociale ou affective. Nous sommes loin, dans cet esprit sadique, d'une quelconque solidarité sociale !

Le bizutage n'est donc pas un rite d'initiation qui, lui, implique la présence de la société et des adultes dans un rituel de passage marquant la gradation vers l'état adulte. Nos sociétés dans l'absence de raisons de vivre n'ont plus de rites pour initier les enfants à la vie ; ils doivent se débrouiller tout seuls en les inventant à leur image ne sachant pas quelle finalité donner à leurs pulsions, d'où des symptômes tels que, l'abus de l'autre pour s'affirmer, la toxicomanie, les tricheries pour éviter la réalité, etc.

La pastorale s'est aussi laissée conditionner par ce climat en n'offrant pas toujours des rites festifs bien repérés socialement et en cohérence avec l'ensemble de l'Église.

La société des adultes a la responsabilité de ses rites de passage si l'on ne veut pas que le règne de Caïn s'impose à Abel.

« *Je retournerais bien au catéchisme !* »

Comme de nombreux étudiants, Émeline, dix-neuf ans, a trouvé un « petit job » pendant ses longues vacances d'été : hôtesse d'accueil dans un musée d'art religieux d'une belle province de France.

Être « gardien » d'un musée qui conserve la mémoire spirituelle d'une région à travers tout un matériel signifiant son expression religieuse est une chose, savoir répondre aux questions des visiteurs en est une autre ! Émeline s'est très vite trouvée embarrassée devant la complexité de leurs demandes d'information. Certes, elle a comme bon nombre de jeunes de sa génération reçu une éducation religieuse en allant au « caté », elle en garde d'ailleurs un bon souvenir. « C'était un moment un peu particulier au milieu de la scolarité ; on était entre nous pour parler avec une personne adulte de sujets dont on ne disait pas grand-chose ailleurs. La gentillesse, la bonté, le respect des autres. On faisait beaucoup de dessins, on parlait de ce qui se passait dans le monde, dans la famille, à l'école, et on apprenait quelques prières. Jésus était présenté comme un homme extraordinaire qui, malgré les pires ennuis, n'hésitait pas à dire jusqu'au bout son amour pour les autres... De tout cela, il me reste comme un refrain que je garde présent en moi.

« Mon problème face aux questions des gens est de me trouver complètement démunie sur des aspects importants et d'autres qui peuvent paraître "secondaires" et qui tiennent le plus souvent au sens des mots employés, sans en savoir la réelle signification, ou celle des objets et des vêtements utilisés. Ainsi cette personne qui me demandait pourquoi tel vêtement liturgique était rouge et tel autre violet ? A quoi sert un ciboire, un ostensoir ? Quelle est la différence entre un curé et un prêtre ? Comment devient-on évêque ? Le chant des vêpres, c'est quoi ? Pour moi, Jésus est fils de Dieu comme nous le sommes, mais des gens m'ont dit qu'il est également Dieu et fait ainsi partie de la Sainte Trinité : est-ce vrai ? Qui a écrit les Évangiles ? Comment fonctionne l'Église ? Qu'est-ce qu'un sacrement ? Quelle formation reçoivent les futurs prêtres ? »

Émeline s'aperçoit que toute une partie de son éducation religieuse a fait l'impasse sur la signification des rites et des pratiques religieuses mais aussi sur des connaissances fondamentales.

« Parfois, les visiteurs m'apprennent des choses que je ne soupçonnais pas, à la fois j'ai un peu honte et, en même temps, je réalise que la connaissance de l'origine exacte de telle chose, de tel titre, de telle fonction et de la foi chrétienne me conforte un peu plus dans ce que je pense être une appartenance jusqu'à présent un peu malhabile à une "famille". J'éprouve comme le besoin de mettre de l'intelligence et des paroles sur ce petit refrain qui est en moi. »

Si certains membres des générations précédentes se plaignent parfois d'avoir été saturés de formation et de pratiques religieuses pendant leur enfance, d'autres parmi les jeunes actuels arrivent avec une représentation sympathique et généreuse de ce que l'Église annonce, mais dans l'absence des raisons d'être de leur foi. Ils ont une morale de la bonne entente entre les hommes à symbolique chrétienne sans Dieu et sans contenu intellectuel. Les circonstances ont conduit Émeline, étudiante en histoire, à s'interroger sur les carences de sa formation et l'on peut se réjouir que ses manques la stimulent à vouloir, comme elle le dit, « retourner au catéchisme » après avoir parcouru le Catéchisme de l'Église catholique. Son « pourquoi ne m'a-t-on pas appris toutes ces vérités ? » la rend critique à l'égard des prêtres et des adultes. Quel retournement !

Nous devrions davantage avoir conscience qu'en matière d'éducation, nous sommes souvent en retard d'une à deux générations en voulant réparer notre propre éducation sur le dos des enfants. La catéchèse comme l'école ont été atteintes par le syndrome des dessins, de la vie de groupe immédiate et des techniques d'éveil au détriment de la formation de l'intelligence et de la transmission des savoirs. Arriverons-nous à associer le travail sur un objet intellectuel, même si tout n'est pas compris pendant l'enfance, avec une exigence éducative soutenue pour initier aux rites et aux symboles, et une qualité relationnelle qui favorisent la découverte et l'expérience d'un message dans la succession des générations ?

Les décalés du Mardi gras

Quinze jours avant le Mardi gras, nous avons vu défiler dans les rues de Paris des lycéens et des étudiants déguisés pour la plupart de sacs poubelle de toutes tailles et de toutes couleurs. Défiler est un grand mot car, dans leurs tenues bigarrées, la règle du jeu était plutôt de foncer, par petits groupes de cinq ou six, sur d'autres groupes (voire sur les passants qui se trouvaient par malheur sur leur passage) et de lancer sur le plus proche farine, œufs ou de l'asperger de mousse à raser.

« On fête Mardi gras en avance puisque, cette année, nous serons en vacances! » C'est ce que répond un jeune garçon à une dame surprise par tant d'exubérance. « Vous connaissez le sens du Mardi gras? » reprit-elle devant le groupe qui venait de se former autour d'elle. « C'est fait pour s'éclater, se déguiser, s'amuser, tout est permis ce jour-là! » ajoute un autre. La dame, voulant se faire pédagogue, souligna positivement cette réponse en ajoutant : « Vous avez raison sur la forme, mais vous oubliez la véritable signification. » Piqué au vif et sans doute heureux d'entamer ainsi un tel discours dans la rue, un des jeunes s'exclama : « Mais comment peut-on oublier quelque chose si on ne l'a pas appris? » La dame se proposa de leur expliquer cette fête, illustrée par le carnaval.

Cette scène m'a été rapportée par l'un des jeunes de ce groupe alors que nous étions à plusieurs en train de parler d'une société qui perd le sens de ses fêtes et fabrique des enfants qui deviennent des décalés culturels. L'an passé, des enseignants avaient même organisé dans leur ville, pendant la Semaine sainte, un carnaval sur le modèle du Mardi gras! Ils n'avaient pas compris pourquoi certaines personnes avaient réagi.

Ces jeunes, qui ont parlé avec cette passante pendant quelques instants, ne savaient pas que, si Mardi gras est un jour de réjouissance, c'est qu'il précède l'entrée dans une période de recherche, d'entraînement et d'efforts spirituels au Carême afin de se préparer à fêter l'espérance inaugurée par le Christ au jour de Pâques. Celui qui nous rapportait cette histoire affirmait que tous avaient été très intéressés et surpris de la dimension religieuse à l'origine de ce jour. La joie, le jeu associés à la renaissance avant un effort, puis la Mi-Carême, tout cela les laissait dans une certaine nostalgie d'une fête qui pourrait prendre une plus grande importance. Bref, une fête à la dimension de l'événement.

Mardi gras devient simplement l'occasion d'un immense défoulement pour se libérer l'espace d'une journée de tensions accumulées dans la vie quotidienne. Sans doute, le conformisme ambiant favorise-t-il des attitudes superficielles, ignorant la signification et le rôle éducatif d'une fête, d'un rite ou d'une tradition. D'une génération à l'autre des gestes sont répétés dans la disparition progressive de ce qui en était l'origine.

Les fêtes que nous célébrons, et qui sont chargées d'un contenu historique et spirituel, impliquent justement de se sentir solidaire de son appartenance à une société et d'avoir la conscience de s'inscrire dans une histoire. La plupart des fêtes religieuses sont à la base de notre civilisation et marquent en ce sens, le temps dans lequel l'existence de chacun se construit en lien avec les autres. Elles risquent aujourd'hui d'être vécues comme des pratiques ponctuelles, à l'image de coquilles vides qui roulent au gré du vent sans rien retenir. Elles sont parfois remplacées par des fêtes de circonstance ; fête de la musique, de la jeunesse, fête de l'arbre et du cinéma... Leur seul contenu étant de s'émoustiller et de promouvoir l'objet célébré. Notre société n'a-t-elle pas tendance à vivre sans mémoire au profit du seul présent ? Les éducateurs ne négligent-ils pas d'apprendre et de faire vivre le sens des fêtes ? Abandonnés à eux-mêmes, les jeunes cherchent à recomposer des traditions et des rites devenus plus obsessionnels que réels. Le temps ne peut pas être rythmé uniquement par les vacances scolaires qui ne célèbrent guère plus que le mythe de la libération éphémère de toute contrainte. Les conséquences sur l'intériorité d'une telle situation, certes difficilement décelables, sont considérables. Elles favorisent chez les individus des comportements qui font fi de significations à mettre en œuvre : on agit pour agir, sans chercher à savoir.

On entend souvent dire que nous manquons de rites d'initiation. C'est une erreur que de le croire, la difficulté vient de la paralysie et de cet oubli de faire vivre ceux qui existent parce que nous perdons notre conscience historique. Nous constatons cependant, et c'est plutôt réjouissant, que lorsque des jeunes redécouvrent cette dimension historique qui les rattache aux générations précédentes et, parce qu'elle est chargée d'un sens spirituel, ils peuvent grandir et mieux anticiper l'avenir.

« J'ai grugé »

Sylvain, dix-sept ans, a l'habitude, selon son expression, de « gruger » lors des examens de contrôle au lycée. « Tout le monde gruge, on se débrouille comme on peut », me dit-il. Je lui demande de m'expliquer pourquoi il utilise ce verbe qui d'après le dictionnaire signifie duper quelqu'un en affaires, le dépouiller de son bien, en un mot le spolier. Sylvain n'a pas de réponse et ne connaît d'ailleurs pas le sens exact de la formule. « Je ne fais rien de mal, c'est tellement dur qu'on est bien obligé de se défendre, sinon on se fait avoir. Les profs ne disent rien et mes parents m'ont raconté qu'ils faisaient eux aussi des antisèches. Faut pas se faire prendre, c'est tout... »

« J'ai copié », « j'ai triché », « j'ai utilisé des antisèches », « j'ai volé », « je l'ai piqué », « je l'ai emprunté », « je suis passé sans ticket »... devient chez certains « je l'ai grugé ». Ainsi sommes-nous passés d'un langage qui évoque la transgression à un langage de pouvoir afin de décrire une attitude où l'on cherche à posséder un bien, à réduire pour soi-même une règle et à profiter par tous les moyens d'une situation. Gruger lors d'un examen, ou accaparer un bien, revient à être suffisamment adroit pour tromper l'autre par peur de se voir soi-même mis en position de faiblesse ou de manque.

Ce comportement ne pose à Sylvain ni états d'âme ni sentiment de culpabilité même s'il en parle avec quelque amertume car, justement, il vient d'être « pris » pendant un bac blanc par le professeur chargé de surveiller l'épreuve. Il ne craint pas les remontrances de ses parents ni celles de son professeur principal.

Ce que Sylvain redoute est de savoir ce que va penser de lui son professeur. Quelle image va-t-il avoir de lui après cet incident ? Est-il encore estimable ou non ? Va-t-il lui faire à nouveau confiance ? Il n'interroge pas sa conduite au regard d'une règle (il n'a jamais entendu dire qu'il était interdit de tricher), mais il est surtout préoccupé par la réaction de son enseignant. Quand il en parle, il a tendance à devenir triste et humilié tout en craignant d'être dévalorisé. Il a du respect pour ce professeur à qui il reconnaît des qualités personnelles et professionnelles. Ce n'est donc pas d'avoir triché qui le conduit à évaluer sa conduite, mais la crainte de ne plus être apprécié. Le problème est plus relationnel et affectif qu'inhérent au respect d'une loi de morale scolaire, également formatrice pour une part de la loyauté du citoyen futur.

Sylvain en est encore à une conception infantile des nécessités et des exigences de la réalité. Il n'a pas complètement intériorisé un certain nombre de règles qui favorisent le développement du moi social de l'individu, à partir desquelles il peut progressivement devenir autonome en apprenant à évaluer ses comportements. Tel un enfant, il vit la « faute » affectivement à travers la crainte de ne plus être aimé par une figure parentale représentée par un adulte.

Copier et tricher en classe n'est pas une attitude nouvelle chez les adolescents qui ont toujours cherché à s'affirmer en transgressant les règlements et les lois vécues à cet âge à travers le complexe de castration, c'est-à-dire dans la crainte d'être brimés dans leur liberté et réduits à l'impuissance. La nouveauté est d'une part dans le fait que, chacun devant se débrouiller tout seul

pour réussir, tous les moyens sont bons pour y parvenir. D'autre part, que, face à cette attitude de détourne-
ment de règles (qui ne sont pas toujours énoncées), bon
nombre d'adultes n'osent rien dire et ne sont pas capables de rappeler au sens de la loyauté et de la vérité.
Cette attitude pédagogique pourrait au moins faire réaliser à des adolescents (qui ne sont pas délinquants par
définition) qu'il y a des règles à partir desquelles chacun
évalue ses conduites. Dans le cas contraire, ils risquent
de maintenir leur relation sociale dans la régression et
d'en faire simplement une estimation affective, prémices
à tous les abus.

On pourrait se contenter d'une analyse purement
sociologique de ces phénomènes de tricherie, prétextant
le fait que l'école est devenue un lieu tellement inégali-
taire que les jeunes cherchent à prendre une revanche
sur elle et sur la société. Ce serait sans doute faire
l'impasse sur la réalité d'une psychologie transgressive
singulière, liée à cet âge. Ce serait également se voiler
la face devant un manque de transmission de codes
sociaux qui touche, il est vrai, de plus en plus les adolescents, mais aussi, et c'est plus inquiétant, les bien plus
jeunes.

« T'are ta gueule à la récré »

Raphaël n'a que quinze ans et il est bien trop jeune pour se souvenir de cette chanson d'Alain Souchon qui eut beaucoup de succès en son temps. Pourtant les événements qu'il me raconte ne sont pas loin de s'y rapporter et sans aucun doute les dramatiques et récents meurtres d'adolescents ne sont pas étrangers au discours qu'il me tient ce jour-là.

« On était en train de discuter devant la classe. Un copain avait apporté la documentation d'un nouveau jeu vidéo quand un "grand" est arrivé et la lui a arrachée des mains. On s'est mis à lui courir après en criant, on était cinq et lui tout seul. Mais il s'est arrêté et en se retournant il a sorti un cutter de sa poche et a lacéré la notice avant de la jeter à nos pieds. Bien sûr, on l'a traité de tous les noms et il nous a insultés en disant "vous allez voir à la sortie". Après les cours on est tous sortis ensemble, heureusement il n'était pas là. Depuis on l'évite et lui ne nous regarde même pas. »

Raphaël a raconté l'épisode à sa mère qui lui a demandé pourquoi il n'avait pas mis au courant le professeur ou bien le proviseur. Il n'en était pas question : « J'ai pas envie de passer pour un trouillard ou un cafteur ! Et puis ça sert à rien, ils ne savent pas quoi faire. » Il est persuadé que les adultes ont peur et n'osent pas intervenir. Et pourtant c'est eux qui doivent fixer les limites et rappeler les règles quand des jeunes ne peuvent plus se contrôler.

La violence des mots, de la gifle ou de la bagarre est de plus en plus remplacée par la violence « armée ». Ce n'est pas la première fois que j'entends dire par certains des jeunes que je reçois que la batte de base-ball n'est plus un simple accessoire pour un jeu inoffensif. Le cutter, le poing américain, un couteau ou une chevalière imposante sont des arguments décisifs pour faire cesser un conflit, pour se rassurer lorsque la parole ne suffit plus.

La violence parmi les jeunes est le symptôme d'un dysfonctionnement social et de la difficulté pour des individus à s'organiser intérieurement. L'agressivité est inhérente à la vie psychique et elle a besoin d'être éduquée afin que l'enfant l'utilise pour construire plus que pour détruire.

Que les disputes et les coups de colère existent, cela fait partie des réactions compréhensives lorsqu'une injustice ou des abus sont commis ou que l'individu cherche à se situer dans le jeu des relations sociales. En revanche, lorsque la violence se prolonge, elle est le signe d'une agressivité morbide.

La violence est de plus en plus banalisée dans les médias. Ils modélisent dans la psychologie juvénile la conception que la moindre frustration peut s'exprimer dans le sang. Les relations sociales ne seraient pas plus élaborées que celles de la horde sauvage.

Les agresseurs présentent souvent des personnalités fragiles et impulsives et l'environnement peut favoriser leur expression ou dans d'autres cas les aider à se structurer. L'instabilité du milieu familial, des enfants livrés à eux-mêmes et l'absence de structures d'éducation populaire ne permettent pas à des jeunes d'intérioriser les règles simples de la vie en société. Ils ne savent pas car personne ne leur a appris. Ils ont souvent besoin qu'on reparte à zéro avec eux et qu'on les initie à eux-mêmes et à la relation avec les autres à travers une indispensable attitude éducative.

Leur apprendre à parler sans hurler, à demander sans insulter, à faire un effort dans le travail sans se décourager, à réfléchir à leur comportement avant d'agir, à savoir tenir compte des règles et d'une morale pour vivre en société et devenir humains. Faute de ces bases, notre société hyper technique risque de maintenir des individus dans des réflexes primaires et inciter à la régression de l'agressivité sadique-anale qui ne sait et ne peut que détruire.

« On m'a coupé les ailes »

Lorsque Thierry reprend le rythme de ses entretiens, je suis étonné de constater combien ce grand gaillard de dix-sept ans a perdu tout l'enthousiasme que j'avais vu naître chez lui au long d'une année de psychothérapie. Il était, au mois de juin, presque certain de venir à bout des difficultés qui l'avaient amené à consulter. Après des années de scolarité difficiles, il achevait brillamment sa classe de première. Alors qu'il s'était toujours imaginé être rejeté de tous, il avait réussi à s'intégrer dans un groupe de copains et à en devenir un des éléments moteur. Parallèlement à ses études, il pratiquait avec beaucoup de succès une discipline sportive très exigeante et s'était perfectionné dans les techniques photographiques au point de prendre la direction d'un club photo.

Pourtant en ce début de nouvelle année scolaire, toute l'assurance de Thierry semble s'être volatilisée. Alors qu'il s'exprimait facilement, il cherche ses mots, interrompt son discours, ronge ses ongles et finit par éclater en sanglots. « Je ne sais pas ce que j'ai. Je ne trouve plus goût à rien, les journées sont longues, je voudrais passer mon temps à dormir. » Je l'interroge afin d'avoir plus d'éléments qui pourraient expliquer ce changement de comportement mais il a du mal, se bornant à faire le constat d'un manque d'appétit en tout. Lorsque je lui demande ce qu'il en est de ses relations avec son groupe d'amis, de ses projets de compétitions, de ses responsabilités

d'animateur de son club, la réponse tombe froidement :
« J'ai tout laissé tomber ! » Devant mon étonnement, il
se met à reprendre le fil des événements.

« J'avais passé une bonne première, mes notes en
français, quoique justes, ont été au-dessus de la
moyenne. J'ai travaillé en juillet dans une grande surface
et au mois d'août j'ai retrouvé mes parents. Je pensais
me détendre, en fait ils n'ont pas arrêté de me prendre
la tête, de m'angoisser avec l'année scolaire qui arrive.
Avec le bac ! Ils m'ont dit que le sport et la photo c'était
bien mais que cette année il n'était pas question d'y penser. La seule chose qui compte c'est le bac et pour cela
fini les entraînements, les compétitions en week-end, les
séances de labo photo. Au début j'ai tenté de leur faire
comprendre qu'il ne fallait pas tout mélanger, que le travail c'est une chose mais que le reste est aussi important.
Ils ne veulent rien entendre, ils ne pensent qu'à ma réussite en fin d'année.

« De toute façon on travaille comme des malades en
classe, le soir j'ai au moins trois heures de boulot à la
maison, les copains je ne peux plus les voir en dehors
des heures de cours, donc ils se demandent ce qui
m'arrive, ils pensent que je leur fais la tête. Quand je suis
devant mes livres, je n'arrive pas à me concentrer, j'ai
les idées qui se dispersent, j'ai des crises de pleurs. Dans
la rue j'ai l'impression d'être suivi par ma mère comme
si elle était derrière moi en permanence pour me surveiller. Avant, le travail scolaire ne me passionnait pas vraiment mais je le faisais, il y avait tout le reste pour me
motiver. Maintenant je n'ai plus rien. Je n'ai même pas
de copine, ça ne m'intéresse pas. C'est comme si on
m'avait coupé les ailes en plein envol... »

Certes le souci de la réussite scolaire est légitime pour
des parents, et pour les enfants c'est le moyen de se sentir stimulés à faire leurs preuves et à être valorisés. La
plupart du temps les adolescents savent qu'ils doivent

travailler. Le leur répéter sans cesse les agace car ils ont l'impression qu'on ne leur fait pas confiance, ce qui ne les incite pas à se prendre en charge, bien au contraire. Les priver d'activités, pendant l'année du bac, et les réduire au seul travail scolaire, sans raisons valables, est plutôt démobilisant, dévalorisant et même déprimant. Les adolescents ont besoin de vie sociale et de diversifier leurs investissements personnels pour être capables, par la suite, de se mobiliser sur leurs études. En leur coupant toutes les autres médiations de la vie, ils se retrouvent tristement seuls et se replient sur eux-mêmes. Ils perdent leurs moyens d'exister à travers les autres, ce qui paralyse leur intelligence. Le bac oui, mais pas sans le reste de la vie.

IMAGES PARENTALES

« *J'ai peur d'être père* », 18-19 août 1991.

« *Mes parents ne m'aiment pas* », 22-23 décembre 1991.

« *Quand vas-tu te marier ?* », 12-13 janvier 1992.

« *Moi, ton père, je suis ton frère !* », 15-16 mars 1992.

« *J'aurais voulu vivre avec mes parents* »,
   31 janvier-1er février 1993.

« *Ma mère, c'est ma grand-mère !* », 14-15 novembre
1993.

« *Je retourne chez mon père* », 12-13 décembre 1993.

Sans famille, 16-17 janvier 1994.

« *Je me suis fait tout seul !* », 6-7 mars 1994.

« *La famille, c'est génial !* », 2-3 octobre 1994.

Le passé, c'est l'avenir, 23-24 octobre 1994.

« J'ai peur d'être père »

Jean, vingt-cinq ans, est électricien, il est marié depuis un an. Lorsqu'il avait seize ans, je l'ai suivi pendant quelques mois à la suite d'un vol de disques dans un grand magasin. Il a vécu seul avec sa mère et n'a jamais connu son père.

« Je suis paniqué. Ma femme (il se reprend, il allait dire "ma mère") va accoucher d'un garçon dans quelques semaines. Je ne me sens pas prêt à être père. Alors que Sylvie s'épanouit et est à l'aise, moi plus les jours passent et plus je m'angoisse. Je n'ai jamais eu de père et je ne sais pas comment un père doit se comporter vis-à-vis d'un enfant. Je sais comment ma mère s'est conduite à mon égard. Mais je ne peux pas être comme une mère, comme une femme : moi j'ai besoin d'un homme pour devenir un père !

« Quand j'étais plus jeune vous m'avez aidé à trouver mes limites et j'ai pu grandir en acceptant la réalité. Ce n'était pas facile car je vivais avec l'idée que je pouvais prendre ce dont j'avais besoin. Le vol me donnait un sentiment de force, d'être quelqu'un. Je sais à présent que la vie se gagne, mais encore faut-il avoir quelqu'un auprès de soi pour l'apprendre.

« J'ai l'impression qu'à chaque fois que je franchis une étape importante dans ma vie, il me manque un point de repère et que je risque de ne pas pouvoir réussir : en l'occurrence ici d'être père. »

Si la réaction de Jean est relativement fréquente chez les hommes qui doutent d'eux-mêmes lorsqu'ils deviennent père, en revanche, elle se trouve ici accentuée par le fait qu'il n'a pas vécu pour lui l'expérience de la paternité.

Cela ne l'a pas empêché d'intégrer des symboles paternels pour construire sa vie psychique grâce à toutes les figures masculines qu'il a rencontrées. Mais ce n'est pas suffisant pour qu'il se représente sa propre relation de père avec un enfant.

Ce n'est pas l'expérience de la naissance de l'enfant qui fait qu'un homme et qu'une femme deviennent père et mère, mais la capacité psychologique qu'ils ont de savoir mettre en œuvre une symbolique paternelle et maternelle. De plus, l'un ne remplace jamais l'autre. Les relations de compensation ne sont que réparatrices car il manquera toujours l'essentiel ; il manquera quelqu'un.

Un homme de cinquante ans me disait récemment avec beaucoup d'émotion combien son père inconnu lui manquait. « Je suis heureux avec ma femme et mes deux enfants, mais au fond de moi je porte une souffrance qui s'accentue avec l'âge : celle de ne pas avoir connu mon père mort pendant la guerre lorsque j'avais deux ans. »

Jean sait donc ce qui lui a manqué avec d'autant plus d'inquiétude qu'il est, comme tout postadolescent, dans une période où sa personnalité intègre dans sa pulsion sexuelle le désir de l'enfant. C'est ce désir qui achève habituellement la maturité sexuelle et fait accéder la relation au sens de l'autre.

Freud a bien défini cette double finalité de la sexualité humaine : la relation amoureuse et la procréation sont indissociables. Ce travail intérieur concourt à former les conditions psychologiques de l'amour humain sur la base des identifications premières aux images parentales.

Se trouver privé de son image maternelle ou paternelle peut handicaper les transformations de la personnalité qui préparent son achèvement dans la vie adulte. C'est au moment de devenir adulte que les manques deviennent conscients et gênants et non pas uniquement pendant l'enfance.

Pour devenir père, sans nécessairement reproduire ce que fut son propre père, Jean a néanmoins besoin de se sentir comme lui et de se souvenir qu'enfant il aurait pu s'appuyer sur lui. Puis, fort de cette relation, de s'en libérer afin de devenir à son tour un soutien et un initiateur pour ses enfants. À l'inverse de ce système classique, il éprouve un sentiment de vide et surtout de dévalorisation de soi.

Ne pas savoir s'il a compté pour cet homme, ce père disparu, le dévalorise. En réfléchissant sur son manque de paternité il découvre combien un enfant a besoin de ses parents pour grandir. Après avoir eu peur de ne pas être capable d'être père, il construit malgré tout en lui son image paternelle en observant autour de lui comment des hommes le sont naturellement.

« *Mes parents ne m'aiment pas !* »

Sophie, seize ans, en fugue depuis quatre jours, se présente dans un poste de police et déclare tristement à l'inspecteur chargé de l'entendre : « Je suis partie de chez moi et mes parents ne me cherchent même pas ! » Étonné par ce constat en contradiction avec l'attitude de Sophie, il entreprend l'examen du fichier des demandes de recherches et lui confirme aussitôt que ses parents se sont inquiétés de sa disparition dès le premier jour.

Surprise par cette révélation, elle ne comprend pas pourquoi ils ne l'ont pas retrouvée eux-mêmes puisqu'elle s'était débrouillée pour laisser des indices en passant et en s'arrêtant dans des lieux qu'elle fréquente habituellement.

Partagés entre la joie et l'anxiété, Sophie et ses parents se sont retrouvés : tel l'enfant prodigue, ils l'ont accueillie les bras ouverts. Si les parents sont relativement désemparés face à une rupture à laquelle ils ne s'attendaient pas et une demande d'affection qu'ils pensaient pourtant accorder à leur fille, Sophie sait confusément ce qu'elle cherchait : attirer leur attention et mesurer leur affection à son égard.

Elle a le sentiment que ses parents ne l'aiment pas, qu'elle ne compte pas pour eux et que sa mère ne sait pas deviner qu'elle a envie de parler avec elle sans très bien savoir, d'ailleurs, sur quoi engager un échange. « J'ai besoin d'elle, qu'elle s'intéresse à moi et en même temps elle m'agace. » Sophie est partagée entre le besoin de s'appuyer sur sa mère pour grandir dans sa féminité et celui de se dégager d'un lien affectif qui lui rappelle trop sa dépendance de petite fille.

Elle fait l'expérience d'une profonde solitude en projetant sur ses parents l'idée qu'ils ne s'occupent plus d'elle, qu'ils l'abandonnent. Bien évidemment, ce n'est pas leur intention et ils sont plutôt déconcertés quand elle leur tient ce discours.

Ce sentiment d'abandon s'accompagne de tristesse et de nostalgie de son enfance. Pendant ses quelques jours de fugue, Sophie est allée se promener devant les vitrines des grands magasins, décorées et animées à l'occasion de Noël. Quand elle en parle, c'est pour reconnaître que Noël est pour elle l'inverse de la joie : « Noël me rend triste et me fait pleurer parce que je me sens très seule et sans amour. Je sais que mes parents m'aiment, mais j'ai l'impression que je suis en trop. » Il ne lui est pas facile de transformer sa vie affective d'enfant (où domine l'amour passif dans le fait d'être aimée plutôt que d'aimer les autres), en amour actif grâce auquel la relation est à construire dans l'attachement et l'estime d'autrui reposant sur la réciprocité. À seize ans, ce n'est pas facile, car ce remaniement psychologique est loin d'être achevé.

Quand on lui fait remarquer qu'elle a des amis, qu'elle ne manque pas non plus d'activité, elle le reconnaît, « mais, dit-elle, ce n'est pas la même chose. Je suis déjà sortie avec un garçon, mais à notre âge on sait bien que ça ne peut pas durer. Moi j'attends surtout beaucoup d'affection de mes parents. Je suis peut-être trop exigeante ? J'ai besoin de trouver auprès d'eux de la sécurité ».

Les adolescents peuvent, en effet, exprimer des désirs contradictoires vis-à-vis de leurs parents ou des adultes. Ils veulent qu'ils soient cohérents et revendiquent de pouvoir se détacher d'eux sans les voir disparaître pour autant de leur horizon... Tous les événements de la vie quotidienne peuvent être utilisés et retournés dans le sens précis de leurs attentes au risque parfois d'épuiser les parents.

« Maman me gronde encore comme une petite fille de huit ans. Elle finit par faire les choses à notre place quand elle voit qu'on traîne pour les accomplir et ensuite elle crie. Elle ne fait pas beaucoup de compliments, ce sont surtout des reproches : "... Vous ne faites rien à la maison !" Papa nous défend toujours contre les remarques de maman. Moi je ne le supporte pas, je le dispute quand il contredit ma mère car les parents doivent être d'accord ensemble. Je n'aime pas qu'ils se dévalorisent. »

Les tensions ou les disputes de la vie quotidienne ne sont pas les signes d'un manque d'amour et pourtant Sophie peut les interpréter comme des dangers qui viennent détériorer sa vie affective au moment où elle doit accepter de renoncer aux plaintes du sentiment de toute-puissance de l'amour de l'enfant où tout est nécessairement dû. Acceptation difficile mais nécessaire pour accéder à la capacité d'aimer, de donner, d'échanger, de coopérer de personne à personne.

« *Quand vas-tu te marier* ? »

Carine, treize ans, est très confiante et manifeste beaucoup d'intérêt à l'égard de sa sœur aînée âgée de vingt-trois ans qui lui sert de modèle pour grandir depuis sa petite enfance. Il n'y a jamais eu entre elles les disputes fréquentes liées au classique complexe de la rivalité fraternelle ni d'ignorance réciproque rencontrée souvent chez des enfants séparés par un écart d'âge important. Elles ont évolué chacune à leur place sans se sentir remises en question par la présence de l'autre. Un climat de complicité affective imprègne leur relation et favorise une compréhension quasi intuitive.

La relation de couple des parents n'est pas aussi paisible et s'est même dégradée depuis plusieurs mois, au point qu'ils envisagent de divorcer après vingt-six ans de mariage. Carine ne supporte pas leurs disputes et demeure très angoissée à l'idée qu'ils puissent se quitter. Cette situation la déstabilise grandement au moment où elle commence à entrer dans les incertitudes du développement de la psychologie pubertaire.

Elle s'est donc tournée vers sa sœur aînée qui, tout en continuant à habiter chez ses parents, termine ses études et se trouve depuis deux ans engagée dans une relation amoureuse. Carine a accepté et apprécie l'ami de sa sœur. De temps en temps, ils l'emmènent avec eux, mais pas aussi souvent qu'elle le souhaiterait. Que cherche-t-elle à travers ce besoin d'être avec eux ? Ne pas se séparer de sa sœur ? Plaire également à ce garçon ? S'immiscer dans une relation amoureuse incestueuse ? Rechercher une sécurité affective qu'elle ne trouve plus auprès de ses parents ? Sans doute toutes ces raisons sont-elles présentes et actives dans ses demandes. Mais l'une d'entre elles la préoccupe davantage consciemment : celle de savoir si sa sœur va bientôt se marier. Elle lui pose la question à plusieurs reprises avec une telle insistance que son aînée en vient à s'interroger sur le rôle qu'on entend ainsi lui faire jouer.

Carine, en effet, ne cesse de demander : « Mais quand allez-vous vous marier puisque vous vous aimez ? » Comment comprendre ce leitmotiv, souvent répété durant ces dernières semaines ? La forme interrogative de son message cache mal, en réalité, sa forme impérative que l'on peut traduire en ces termes : « Je voudrais que vous soyez mariés ! » Sa sœur aînée, troublée par cette pressante supplique, a cherché à en savoir plus, et la réponse de Carine a été limpide. « Si vous vous mariez, je pourrais venir habiter chez vous parce que je ne peux plus rester à la maison, et si les parents divorcent, je ne veux pas me retrouver séparée d'eux en étant soit avec papa, soit avec maman. Moi, j'ai besoin de sentir que vous êtes bien et d'accord ensemble. Les parents sont tellement mal dans leur peau qu'ils me font peur, j'ai l'impression qu'ils sont aussi perdus que moi. »

Sa sœur aînée ne veut pas la décevoir et souhaite l'aider au mieux. Mais elle n'a pas l'intention de se marier pour l'instant ; c'est dans ses projets, cependant pas avant d'être parvenue à certaines échéances. Elle ne va tout de même pas se marier précipitamment pour compenser les insuffisances du couple parental en instance de divorce. Elle s'interroge sur sa responsabilité, sur ce qu'il convient de faire ; elle éprouve également un sentiment de culpabilité de ne pouvoir correspondre au désir de sa sœur.

Il n'est pas rare que des aînés relaient leurs parents, malades ou décédés, auprès de la fratrie. C'est souvent au prix de leur propre avenir, même si les plus jeunes ne subissent pas trop les conséquences de l'absence des parents qui, dans ce cas, conservent leur rôle identificatoire d'adultes. Pour les divorces, il en va tout autrement quand une sœur ou un frère doit corriger les carences parentales et les plus jeunes trouver à s'assurer affectivement ailleurs que chez leurs géniteurs sur lesquels ils ne peuvent plus compter psychologiquement.

C'est un besoin de survie qui conduit Carine à se replier sur le couple de sa sœur car elle trouve chez eux une association cohérente et confiante. Pour elle, comme pour de nombreux enfants, les mésententes conjugales et le divorce sont des cassures qui mettent en danger les identifications à partir desquelles ils construisent leur personnalité. Si la relation entre père et mère n'est pas solide, alors plus rien n'est sûr. Les angoisses et les incertitudes de l'existence prennent naissance dans ces phénomènes de rupture et, dans ces conditions, il n'y a jamais de divorce réussi.

« Moi, ton père,
je suis ton frère ! »

Stéphane, dix-sept ans, me donne à lire une interview du chanteur Marc Lavoine[1], avec lequel il est en désaccord. Il reproche à cet artiste de ne pas savoir se situer comme un véritable père vis-à-vis de son fils à qui il vient de dédier une nouvelle chanson : *Fils de moi*. « Ce titre, me dit Stéphane, résume à lui seul l'attitude d'un homme qui refuse la paternité car un enfant est celui d'un nous (un homme et une femme) et non pas d'un moi. »

Je lis un extrait de cet interview dont la plupart des affirmations me laissent très perplexe et je comprends qu'un adolescent qui a besoin d'être clairement repéré dans l'ordre de la filiation ne se retrouve pas dans cette régression de la paternité à la fraternité.

« Mon seul principe est le partage éducatif, ne jamais considérer que j'ai toujours raison parce que je suis le plus grand. Je suis autant son père qu'il est mon fils. Simon est aussi mon père car il m'apprend à l'être ! Avant lui, je n'avais pas la même image du père, je souffrais de ne pas bien la comprendre. Simon m'apporte les réponses... Il est aussi l'enfant d'un couple séparé. Notre relation est un lien au-dessus des lois... Un lien essentiel me rapproche de mon fils, son demi-frère, Kevin. Je l'ai connu jeune adolescent et nous n'avons que six ans

1. *Télé 7 Jours* du 8 au 14 janvier 1992.

de différence. Nous sommes de la même génération, nous aimons les mêmes musiques. Kevin est un peu mon frère, mon pote et mon fils car je l'ai élevé... Il m'aide beaucoup avec Simon car il a vécu les mêmes choses. Ce que je ne retrouve plus chez la mère, je le retrouve chez le fils de sa mère... »

Ce discours résume une attitude actuellement à la mode et qui inverse la nature des relations entre les adultes et les enfants. Stéphane, quant à lui, a besoin pour grandir de savoir qui sont ses parents, mais aussi de les laisser à leur place pour devenir autonome : c'est pourquoi il réagit contre cette entreprise de séduction qui fait que l'on ne sait plus qui est qui.

L'enfant serait-il en train de devenir le père ou la mère de ses parents ? Or, ce sont des adultes, parce qu'ils sont parvenus à la maturité affective de la parenté et qu'ils ont socialisé leur sexualité, qui conçoivent un enfant, et non pas ce dernier qui décide de naître et de concevoir comme parents deux grandes personnes. C'est une terrible tâche que l'on fait peser sur les enfants que d'être les initiateurs et les guides de leurs géniteurs qui ne savent pas comment vivre. Nombreux sont les adultes qui attendent d'être ainsi reconnus par leurs enfants pour trouver leur propre sécurité affective et apprendre par leur intermédiaire ce qu'est la vie.

Le père qui devient le fils et le fils qui devient le père est la négation même des liens de la filiation et la négation de la différence des générations. Cette annulation des rôles parentaux explique pour une part pourquoi bien des adultes ont renoncé à adopter une attitude éducative au bénéfice d'une relation qui veut favoriser simplement un épanouissement sans contraintes selon la formule. « Tu fais comme tu veux, comme tu le sens. »

Quand un enfant a une vision confuse de la paternité, il accède difficilement à son identité sexuelle et au sens des réalités. Ces relations dans lesquelles on est tout à la fois, dans la plus grande des confusions, le père, le frère, le fils, le pote, se développent dans un climat homosexuel car ce ne sont que des relations pseudo-égalitaires, indifférenciées et de proximité affective qui sont recherchées sur le mode de la protection maternelle.

Nous sommes dans un contexte social où l'image du père est rejetée et il n'est pas rare que des adultes, quand ce ne sont pas des institutions, refusent de faire fonctionner la symbolique paternelle et participent à la désocialisation ambiante. Parmi les nombreux symptômes régressifs, on peut souligner les parents qui préfèrent se faire appeler par leur prénom plus que par leur titre parental, des adultes qui font de même avec leur titre et leur statut social ou d'autres qui pensent qu'il ne faut rien imposer aux enfants sous le faux prétexte de ne pas limiter leur liberté. Ces conduites immatures et antisociales, grâce auxquelles on espère trouver un bien-être affectif, sont évidemment aux antipodes d'une réelle relation éducative qui veut que l'adulte joue habituellement le rôle de médiateur entre l'enfant et la réalité, mais énonce également les lois de la vie.

Il est à craindre que, faute d'être assuré dans cette position, ce soit l'enfant qui doive ouvrir la route à l'adulte au lieu d'y être précédé par lui.

« *J'aurais voulu vivre*
avec mes parents »

Bastien, dix-neuf ans, se sent souvent anxieux et voudrait savoir comment devenir plus stable. Il a l'impression que le moindre imprévu le trouble et lui fait perdre ses moyens de réagir. Très vite, il en vient à parler de sa famille qui ne l'a pas aidé à se fortifier.

Ses parents ont divorcé alors qu'il avait dix ans et il a vécu pendant deux ans chez ses grands-parents, le temps que sa mère poursuive des études avant de le reprendre. Elle a ensuite rencontré un médecin avec qui elle s'est mise en concubinage. Au bout de quelques mois, Bastien a été le témoin de leurs conflits encore plus violents qu'avec son père car cet homme buvait et battait parfois sa mère au point qu'il était obligé d'aller dormir avec elle dans la voiture. Le jour où, passé ses quatorze ans, il s'est senti plus fort pour défendre sa mère, il a frappé cet homme qui a fini par s'en aller.

Bastien reconnaît que cette situation ne l'a pas aidé. « Quand mon père est parti, j'ai voulu jouer son rôle auprès de ma mère et la protéger. Je me demande si je ne vais pas en subir les conséquences maintenant. C'était trop lourd et je n'étais pas à ma place... Mais personne ne me l'a dit! Parfois, j'ai peur de ce que j'ai vécu petit... J'ai toujours besoin d'une présence et je n'arrive pas à assumer ma solitude. Je voudrais pourtant être plus fort. »

Il vient de rompre avec son amie parce qu'il ne sait plus très bien ce qu'il cherchait dans cette liaison et qu'il se trouve trop jeune. Quand ils étaient ensemble, il ne lui passait rien, provoquant des crises pour savoir comment elle tenait à lui et s'ils étaient capables de traiter leurs difficultés, mais aussi pour se prévenir des échecs affectifs de ses parents. « Si mes parents n'avaient pas divorcé et si j'avais vécu avec eux, je serais plus solide et je n'aurais pas besoin de me prouver que leur échec n'est pas aussi le mien. Maintenant, ils me font peur et je préfère aller chez mes grands-parents que je sens plus sûrs. »

Bastien voudrait aussi aller très vite (« trop », dit-il) pour avoir un travail et une famille. Ne pas y être encore parvenu l'insécurise et l'angoisse car il ne sait pas s'il pourra atteindre ces objectifs. Il a l'impression de venir du chaos et « d'avoir une famille disloquée ».

« Je sens un immense gâchis et des parents qui ne sont pas vrais parce qu'ils n'ont pas résolu les problèmes qui les ont conduits à leur échec. Ils me reprochent de ne pas dialoguer avec eux. Que faire ? Ils ont tellement changé après le divorce. » Dernièrement il est allé à la chasse avec son père et dans cette situation, il l'a un peu retrouvé… « comme avant », mais il demeure inaccessible. « J'aimerais parler avec l'un et l'autre mais je suis mal avec eux et je ne peux m'appuyer sur eux ni leur faire confiance. »

Pendant très longtemps, Bastien a été impliqué dans la vie affective des adultes en pensant qu'il pouvait les aider. C'est souvent l'attitude des enfants placés devant les conflits et les ruptures conjugales de leurs parents. Ils imaginent être capables de jouer un rôle réparateur dans la relation et ils se dévalorisent s'ils n'y parviennent pas. Cette volonté de soigner la relation et de conserver unis père et mère est vitale car l'enfant ne se sait aimé que dans la mesure où il est le témoin de l'amour des parents entre eux. S'ils ne s'aiment plus, l'enfant en conclut qu'il n'est pas aimé non plus.

Finalement, Bastien a trouvé la solution : « Il faut que j'accepte que je ne peux rien faire pour réunir mes parents mais que je peux vivre, aimer et à mon tour construire un couple et une famille sans être promis à l'échec, si je sais tirer la leçon de mon histoire. C'est pourquoi je viens vous en parler pour ne pas faire vivre à mes enfants ce que j'ai vécu. »

« *Ma mère, c'est ma grand-mère !* »

Les conflits entre mère et fille sont fréquents à l'adolescence. Les raisons en sont nombreuses et, mis à part quelques traits communs, les situations sont toujours très particulières en fonction des individus. Ce que rapporte Bénédicte, dix-sept ans, est néanmoins symptomatique de comportements de plus en plus fréquents.

« Quand je suis née, ma mère avait vingt-trois ans. Mon père avait un travail peu passionnant mais qui permettait à la famille de vivre dans une certaine indépendance. Un an et demi après ma naissance mon frère est arrivé. Je sais aujourd'hui que sa venue n'était pas souhaitée surtout par mon père alors que c'était une façon pour ma mère de s'affirmer auprès de lui. Ils avaient du mal à s'entendre. Je me souviens de leurs disputes — jusqu'à se battre —, de ma mère qui le dévalorisait et de mon père passant des heures devant la télévision à ne rien faire. J'ai appris plus tard qu'ils se droguaient tous les deux en fumant avec des amis. Quand j'ai eu huit ans, mes parents se sont séparés et nous sommes restés avec ma mère qui avait retrouvé du travail. Le mercredi, et souvent le week-end, on allait chez nos grands-parents paternels. J'étais plus en confiance avec eux. J'ai toujours eu l'impression que mes parents étaient des grands enfants. Maintenant je ne le supporte plus. »

Bénédicte remonte dans ses souvenirs afin d'essayer de comprendre ce qui l'a amenée à faire une fugue pour, après deux jours de « vagabondage », prendre le train et retourner chez ses grands-parents.

« La vie devient impossible à la maison. Je sais bien que je ne suis pas très facile à vivre et qu'avec mon frère on n'aide pas toujours maman. Elle rentre tard, fatiguée par les transports, souvent le soir on fait jambon pâtes ou des trucs en boîte avec le micro-ondes. Les repas ne sont jamais à la même heure et j'ai l'impression qu'elle voudrait que je m'occupe plus de la maison, des courses, du ménage. J'y arrive parfois mais très vite j'en peux plus, surtout quand je la vois allumer sa cigarette alors que le repas n'est pas terminé. Il y a une semaine j'ai craqué, je lui ai dit que chez sa belle-mère au moins elle allait fumer ailleurs. Elle m'a dit que si je n'étais pas contente j'avais qu'à aller y habiter chez ma grand-mère. »

Bénédicte utilise de nombreux exemples pour décrire la façon dont elle perçoit sa mère, comme une « grande fille qui n'aurait pas grandi ». Cette situation l'arrange parfois, quand elles se traitent en « copines », mais quand des difficultés se présentent, ce registre ne fonctionne plus et les rôles reprennent difficilement leur place.

« Chez ma grand-mère je me sens bien, du moins quand ma mère n'est pas avec nous. Tout se passe mieux, nous sommes plus détendus parce que ce n'est pas la pagaille. Mes grands-parents savent se parler sans tout le temps se disputer. Les journées sont rythmées par des habitudes, l'heure des repas, les menus variés, les visites des amis, les sorties et nos discussions qui m'apprennent toujours quelque chose. J'ai le sentiment de faire partie d'un ensemble où tout coule de source. Bien sûr, il n'y a pas beaucoup de place pour la fantaisie, pourtant j'aime bien. Quand ma mère se retrouve avec mon frère et moi chez les grands-parents, j'ai l'impression qu'elle retombe en enfance, qu'elle se laisse aller, qu'elle compte sur ma grand-mère pour s'occuper de nous. Finalement ma vraie mère, c'est ma grand-mère ! »

De nombreux jeunes manifestent ainsi des troubles de la filiation aussi bien d'ailleurs dans des familles stables que désunies. Mais la désunion et l'immaturité affective sont souvent plus propices à cette perturbation qui ne les aide pas à s'inscrire dans une parenté et dans la succession des générations. La confusion des images parentales (lorsque le père ne peut pas différencier l'enfant de la mère et limiter celle-ci, l'autonomie psychique est difficile) et le dysfonctionnement de la symbolique paternelle ou maternelle (« J'ai besoin d'une mère, je n'ai qu'une grande sœur ! ») handicapent aussi l'acquisition de leur identité sexuelle et sociale. Quand la paternité et la maternité ne sont pas associées, l'individu vit un enfermement qui l'empêche d'évoluer. La plupart du temps il se débrouille malgré tout, en sautant une génération comme Bénédicte, pour trouver sa nourriture symbolique auprès de substituts ; c'est une question de survie. Cependant l'enfant développe sa sécurité intérieure à partir de la stabilité de sa relation parentale et, si le substitut peut compenser une carence familiale, en faire une référence parmi d'autres ou une simple équivalence est-ce socialement viable à long terme ?

« *Je retourne chez mon père* »

Sonia avait treize ans lorsque ses parents se sont séparés. Bien que très jeune, elle a tenté d'aider sa mère à surmonter l'épreuve, prenant peu à peu le rôle d'une confidente à qui on raconte sa déception, sa souffrance et aussi toutes ses rancœurs à l'encontre de celui qui est parti. Puis un autre homme est arrivé. Après quelques mois il s'est installé à la maison jusqu'à devenir le nouvel époux.

Malgré toute l'affection qu'elle conserve pour son père, Sonia finit par accepter la présence de cet homme. Elle pense ainsi que sa mère va retrouver goût à la vie et que la petite fille qu'elle est encore n'aura plus à porter le poids d'une responsabilité trop importante pour elle.

Sonia a dix-sept ans lorsque, à son initiative, elle vient en consultation. Ses résultats scolaires sont médiocres alors que sa scolarité était satisfaisante, elle se sent moins motivée, perd l'appétit et l'envie de se distraire et de rencontrer ses amis. Elle paraît effectivement bien faible et avoue ne plus se reconnaître.

« Lorsque j'étais encore petite fille, j'ai compris que cet homme qui allait prendre la place de mon père semblait rendre ma mère heureuse. Elle changeait, alors je me suis habituée à lui. Très vite pourtant, il a eu à mon égard des mots et surtout des gestes que seulement aujourd'hui je peux comprendre : il était collant, il trouvait toujours une bonne raison pour me toucher, pour entrer dans ma chambre sans frapper. Au début, j'osais trop rien dire, puis j'en ai parlé à maman mais elle me disait que c'était des idées. Comme je me souvenais combien elle avait pu souffrir. Je me taisais. Depuis mon enfance je protège ma mère car, quand mes parents se disputaient, elle me prenait auprès d'elle, elle me racontait tout et elle venait dormir avec moi.

« L'année dernière il a commencé à exiger de moi que je m'habille d'une certaine façon, c'est-à-dire toujours avec des jupes, très courtes de préférence, et surtout jamais de jean. Quand nous sommes partis en vacances, il m'a acheté des strings, me disant que c'était la mode. Je n'aimais pas ces habits qui ne correspondaient pas à mes désirs et à ce que je suis. Je n'ai pas osé en parler à ma mère. Puis un soir, il m'a prise sur ses genoux, il m'a serré le cou très fort et m'a dit qu'il allait m'étrangler et ensuite me violer. Je me suis débattue et j'ai crié. Alors il a dit à ma mère que je n'avais pas le sens de l'humour. Depuis, c'est comme si j'avais compris ce qu'il est vraiment, j'ai peur, je ne peux pas en parler à maman. Je ne veux pas encore ajouter ce souci à ses difficultés surtout qu'ils se disputent souvent entre eux pour n'importe quoi. J'ai donc pris la décision d'aller habiter chez mon père.

« Je suis triste de laisser maman toute seule avec cet homme que l'on appelle mon beau-père. D'ailleurs je trouve ridicule ce mot de "beau-père". Mais je ne peux plus être le gardien de ma mère. Elle se déprime tellement que j'ai peur qu'elle se suicide si je ne suis plus là. Je ne peux pas continuer dans cette ambiance, je dois aussi me protéger et ma mère doit régler ses affaires avec des adultes. »

Des enfants et des adolescents doivent souvent mettre des limites face à l'envahissement affectif ou érotique des adultes, voire de leurs parents, qui les retiennent comme des soutiens en leur faisant jouer un rôle qui ne leur revient pas. La désunion des familles et leur recomposition risquent également, dans de nombreux cas, avec l'arrivée d'une personne étrangère au groupe familial initial, d'induire des comportements pédérastiques, voire à caractère incestueux. Des jeux de séduction peuvent se produire. Les personnalités immatures infléchissent d'autant plus facilement les interdits qu'elles ne se situent pas dans un rôle parental vis-à-vis d'enfants dont elles ne sont pas les parents. Et quand elles ne savent pas se différencier comme adultes, toutes les transgressions sont possibles. L'adulte dans ses demandes de protection et de satisfactions érotiques renvoie l'adolescent à une image parentale qui s'écroule mais aussi à la nécessité d'un interdit qui remet chacun à sa place. Ce sont parfois des adolescents qui rappellent des adultes au sens de la loi... mais à quel prix !

Sans famille

C'est accompagné de son père que Ghislain, dix-sept ans, est arrivé à sa première consultation alors que, en règle générale, les adolescents de cet âge préfèrent venir seuls. Ghislain est le deuxième d'une famille de deux garçons dont les parents, après vingt ans de mariage, ont décidé de divorcer à l'initiative de son père qui a une liaison avec une femme bien plus jeune que lui.

Depuis qu'il a appris cette nouvelle il « décroche », comme il l'explique. « Je croyais que cela ne pouvait pas nous arriver, nous étions une famille unie, nos parents gagnent bien leur vie, nous habitons une banlieue privilégiée, nous n'avons jamais manqué de rien. Mes études ne me posent pas de difficultés, je fais avec mon frère beaucoup de sport et tous les étés nous partons découvrir un pays différent.

« Du jour où ma mère nous a annoncé ce divorce, tout a basculé. J'ai perdu le goût à tout, je n'ai plus envie de travailler, mes résultats scolaires s'en ressentent et mon professeur principal m'a conseillé de parler avec quelqu'un qui pourrait m'aider. J'ai l'impression que maintenant notre maison n'a plus de toit si mon père nous quitte. Je ne pensais pas qu'il était capable de nous laisser tomber. Ça fait quand même vingt ans qu'il vit avec ma mère ! Qu'est-ce que je vais devenir et qu'est-ce qu'on peut faire ? »

Ce genre de situation est de plus en plus fréquent et occupe une bonne partie des consultations auprès des adolescents. Nombreux sont ceux qui voient leur univers se fissurer et parfois s'effondrer à l'annonce d'une séparation parentale. Ghislain n'accepte pas le divorce de ses parents. Je lui propose que nous en reparlions, ce qu'il accepte avec soulagement.

Le jour de son second rendez-vous, Ghislain est accompagné de sa mère qui s'en va une fois que nous nous sommes salués. Lorsque je lui fais part de mon étonnement, il répond lui avoir dit ne plus se souvenir de l'adresse et qu'il voulait qu'elle l'accompagne. Cet argument est pour le moins curieux de la part d'un garçon qui semble, par ailleurs, si bien se débrouiller. Puis il poursuit et dévoile sa véritable intention. « La première fois, je suis venu avec mon père. Déjà j'aurais pu venir seul mais je voulais qu'il soit là. Aujourd'hui je suis venu avec ma mère pour que vous puissiez la voir, à présent vous les connaissez tous les deux. » Comme je l'encourage à m'expliquer le sens de cette démarche, il finit par me dire avec beaucoup d'assurance : « Maintenant que vous les avez vus, vous allez pouvoir m'aider à les remettre ensemble ! »

Il est déterminé dans son projet et continue de l'argumenter avec des idées échangées avec son frère. « Ils doivent sans doute avoir quelques problèmes, ils ne sont pas "méchants", mais tout cela doit pouvoir s'arranger. On ne quitte pas sa femme et ses enfants après tant d'années et de projets vécus ensemble. Sinon qu'est-ce que l'amour, se marier, donner la vie à des enfants et construire une belle maison pour tout détruire par la suite ? » Il s'arrête et pleure fortement et, entre deux sanglots, il lance « tout s'effondre » puis, se reprenant : « On ne peut pas faire ça à ses enfants, d'ailleurs vous, est-ce que vous feriez cela à vos enfants ? Je ne peux pas vivre sans famille et sans mon père, c'en est fini de la nôtre ! »

La famille est le fondement du réel pour l'enfant et lorsque sa cohésion est compromise, à la suite d'un conflit et d'une séparation, bien souvent il se trouve perturbé et ne peut qu'introduire en lui de la désunion là où il avait besoin de continuité pour construire son Moi, s'inscrire dans le temps et la durée et savoir agir avec les réalités. Il n'est pas étonnant qu'il perde ses moyens. C'est à partir de l'unité du lien conjugal que l'enfant élabore ses ressources intérieures en s'appuyant sur l'image de son père et de sa mère. Quand ce lien vient à se casser, quelles que soient les paroles sublimes : « Papa et maman se séparent mais ils continuent de t'aimer », la relation parentale n'a plus de sens et le réel semble inaccessible. Car si ses parents ne s'aiment plus, alors l'enfant ne peut plus percevoir leur amour parental pour lui et la relation risque, dans bien des cas, de se transformer en séduction. Mais des réactions peuvent aussi se produire plusieurs années après et compliquer une vie affectivo-sexuelle d'adulte, comme en témoignent des études cliniques.

Sur ce deuil d'une séparation souvent difficile à faire, un travail d'élaboration est nécessaire pour retrouver goût à la vie et à la construction d'une future famille.

« Je me suis fait
tout seul ! »

Alexandre, vingt-deux ans, ne sait plus très bien où il en est. Il a vécu son enfance et le début de son adolescence seul avec sa mère sans éprouver de difficultés particulières. Il n'a jamais connu son père et n'a pas ressenti le besoin de poser des questions à son sujet et encore moins de le chercher.

Actuellement, il est très angoissé et développe un sentiment d'impuissance face à ses activités. Il doute de lui et reste paralysé à l'idée de continuer son travail et de prendre des initiatives. Ses troubles prennent aussi une allure physique ; parfois il a du mal à respirer et, certains soirs, sans savoir pourquoi, il pleure.

Il a également un rapport curieux à la propreté. Tous les matins, il passe de longs moments sous la douche à se savonner et à se rincer. Ses vêtements doivent être d'une propreté impeccable. Après avoir dormi plus de quatre jours dans ses draps, il les trouve sales et préfère se coucher sur la moquette de sa chambre jusqu'au jour convenu où il pourra les changer sans éveiller l'inquiétude de sa mère.

Il lui est arrivé d'éprouver solitairement quelques émois sexuels. Mais très vite il se dégoûte d'avoir ces sentiments et se reproche des désirs qu'il ne parvient pas à comprendre ni à situer. Il reste aussi méfiant dans ses relations avec les autres, alors qu'il est très entouré et même sollicité par ses amis.

« Je ne peux pas rester dans cette ambiance négative avec moi-même. Il faut que je m'en sorte. Je crois que je n'arrive pas à devenir un homme et je patauge encore dans des craintes d'enfant. Je ne supporte plus ma mère et en même temps, je n'arrive pas à prendre mes distances avec elle. »

Pendant plusieurs semaines, les mêmes thèmes reviennent avec le même système de défense comme pour ne pas avoir à changer. Il est ambivalent : il demande de l'aide et il se complaît dans ses tourments. Jusqu'au jour où nous avons parlé de son père, puisqu'il se plaignait d'avoir vécu seul avec sa mère et d'être surtout entouré de femmes dans sa famille. Seul un oncle quelque peu admiré offre une image masculine de référence. Cette absence paternelle ne semble pas lui poser trop de problèmes, si ce n'est qu'il reste dans une position narcissique, sans être capable d'entrevoir les autres dimensions de l'existence, puisqu'il ne les vit pas. « Je ne sais pas si mon père m'a manqué, parce que je me suis fait tout seul et j'ai toujours eu le sentiment que les autres vivaient aussi comme moi. C'est loin d'être le cas. Je suis tout étonné de découvrir le père de mes amis. »

À partir du moment où Alexandre a commencé à parler de son père et de ce qui lui manquait par rapport à lui, il a progressé. Dans le contexte de sa thérapie, il a réussi à édifier progressivement une image masculine qui lui a permis d'acquérir une autonomie psychique. Il est devenu plus réaliste face à l'hygiène, il travaille sans être inhibé et sans fuir dans des rêveries, et il se dégage sexuellement du vague dans lequel il se maintenait. L'angoisse de l'oralité, le masochisme de l'analité et l'auto-érotisme de son complexe d'Œdipe non remaniés l'empêchaient de s'émanciper d'une image maternelle qui le retenait dans les perpétuels et illusoires recommencements des états premiers de la vie.

Son sentiment d'impuissance, ses angoisses de culpabilité déguisées derrière son obsession de la propreté et sa personnalité floue aux limites non définies traduisent, en effet, un problème d'identification paternelle et masculine. Sans une image d'homme et de père, il est difficile (aussi bien pour un garçon que pour une fille) de se distinguer de son image maternelle, d'acquérir son identité et d'accéder aux réalités extérieures. L'enfant, faut-il le rappeler, a besoin d'être materné par la mère qui est une femme et paterné par le père qui est un homme et l'un ne peut pas remplacer l'autre. Quelle que soit la situation maritale, l'absence du père est souvent dommageable. Seul dans le face à face maternel, l'individu au carrefour de l'adolescence et de la postadolescence, risque de ne pas disposer de suffisamment de matériaux psychiques pour la construction de soi. Il reste en panne. D'ailleurs, on constate cette panne d'élaboration, lorsque l'individu doit se mettre en œuvre, davantage après l'adolescence que pendant son enfance.

C'est pourquoi la relation monoparentale, qui devrait être conçue socialement comme un fait accidentel et exceptionnel, est loin d'être un modèle valable à promouvoir, puisque le père est, la plupart du temps, inexistant et que ce manque appelle des réparations coûteuses.

« La famille, c'est génial ! »

Étienne, dix-neuf ans, est rentré ravi d'avoir passé ses vacances dans la famille de l'un de ses amis. Il vit avec sa mère depuis l'âge de sept ans à la suite du divorce de ses parents. Il s'entend bien avec elle. Il a rencontré régulièrement son père jusqu'à seize ans et a décidé d'espacer ses visites. Il ne parvenait pas à se situer vis-à-vis de sa nouvelle femme et des deux enfants qu'ils ont eus ensemble. Il ne tient pas à faire le procès de ses parents. Il regrette cette situation qui ne l'a pas aidé à avoir confiance en lui et dans la vie.

Il a douté de pouvoir se marier un jour, de réussir là où ses parents ont échoué, de savoir construire sa vie avec une femme et surtout d'être à son tour un père pour ses enfants. « Comment vivre en famille et comment être père puisque je n'ai pas cette expérience ? », répétait-il jusqu'au moment où ce séjour de trois semaines dans une famille lui a servi de révélateur. Depuis, il ne cesse de faire part de ses découvertes et de réfléchir sur ce qui lui a manqué.

Il a d'abord rencontré un homme et une femme qui s'apprécient et qui s'aiment dans une relation conjugale. Il a perçu leur complicité. Il a été témoin de leurs échanges, parfois de leurs désaccords sans que ce soit un drame. Il a aussi compris qu'ils avaient leurs secrets et que tout n'était pas objet de discussion avec leurs trois enfants. « Chacun est à sa place. »

Étienne s'est senti libéré de savoir que, dans cette famille où la communication circule et bouillonne, on n'est pas obligé de porter les soucis des adultes, mais qu'ensemble, on participe à des activités en se découvrant. « J'aurais aimé faire des choses avec mon père et en famille plutôt que de le rencontrer périodiquement pour toujours parler de l'école. J'étais trop proche avec ma mère. Je croyais aussi que je devais m'occuper d'elle dans un rôle qui n'est pas celui d'un enfant. À quinze ans je ne l'écoutais plus ; elle n'était pas capable de me résister et de m'imposer des règles. Je faisais ce que je voulais. Et comme je n'avais pas de problèmes scolaires, mon père, loin de nous, ne disait rien.

« Vivre entre un père et une mère, c'est rassurant. Rester avec sa mère, ce n'est pas suffisant. Je l'aime et je la respecte, je sais tout ce qu'elle a fait pour moi, mais j'aurais préféré être dans une famille complète. Pendant ces vacances, je me suis senti en sécurité auprès des parents de mon copain : sentir la force d'un père, c'est important. Les parents doivent nous protéger de nousmêmes et nous apprendre à découvrir la société, sinon on risque de partir dans tous les sens. »

En quelques mots, Étienne résume combien l'enfant pour se construire a besoin de son père et de sa mère et que le rôle de l'un ne peut pas se substituer ni réparer l'absence de l'autre. La famille, constituée par les liens de l'alliance et du sang entre un homme et une femme qui deviennent parents en concevant leurs enfants, est le milieu à partir duquel ils font l'expérience des réalités grâce à la présence de deux personnes différentes.

Depuis le début du siècle, le père est devenu progressivement absent. Des idées à la mode ont dévalorisé et minimisé la symbolique paternelle. Ce père mis à l'écart du fait des modèles sociaux, du divorce, du besoin de certaines femmes de réduire son rôle (tout en lui reprochant de ne pas se manifester) est l'une des causes de l'insécurité. Le manque de repères, dont on ne cesse de se plaindre, commence avec l'altération ou la disparition du rôle paternel.

Le « père flou » que la société actuelle fabrique jusque dans la loi qui lui accorde peu de droits puisque la mère peut facilement l'éliminer au moment de la reconnaissance de l'enfant fragilise les personnalités qui se trouvent privées d'une ressource d'identification. La relation que l'adolescent développe avec lui et les autres est souvent à l'image de celle que ses parents ont vécue entre eux.

Certains jeunes menacés d'effondrement intérieur se réfugient dans la violence car ils se sentent impuissants sur eux-mêmes et sur les choses. La séparation entre deux adultes donne parfois l'impression à un enfant qu'il doit se débrouiller seul et dans l'indifférence éducative. Il s'installe dans une relation d'égalité avec eux et pense que tout peut être l'objet de tractations sans rencontrer des exigences et des limites que les adultes doivent nécessairement imposer.

« La famille, c'est génial ! », s'est écrié Étienne qui a découvert des adultes crédibles. Il a fait une expérience stimulante qui lui donne confiance et lui ouvre un avenir possible.

Le passé, c'est l'avenir

À la suite d'une série de conférences que j'ai données dans la province canadienne du Québec, Charlotte, vingt et un ans, est venue m'interroger avec quelques-uns de ses amis, garçons et filles du même âge. Ils voulaient savoir à quoi correspondait leur intérêt pour l'adolescence de leurs parents, celle des années 60. Plusieurs adultes associés à cette conversation restaient étonnés et curieux de ce phénomène. Leurs souvenirs d'adolescence étant plutôt ceux du rejet et de la moquerie de la jeunesse de leurs propres aînés.

Charlotte a surtout à l'esprit l'expansion des groupes musicaux de l'époque. « Ils chantaient la libération, les voyages sans frontières, les émotions et les sensations au-delà de la raison, la rencontre entre les personnes et les peuples. Tout reposait sur la bienveillance et chacun pouvait s'exprimer comme il le voulait au plan sexuel. *Peace and love* c'était pas plus mal que le *destroy* d'aujourd'hui! » Que ce soit à travers les thèmes musicaux ou les articles de presse, elle a le sentiment que « c'était plus facile ».

« Pourtant, dit-elle, en étant attirée par tous ces mouvements, j'ai l'impression d'aller vers une impasse et, en définitive, de trouver une espérance folle qui n'a pas abouti. Les adolescents d'hier étaient-ils plus heureux que nous? »

Il est en effet symptomatique de voir se développer, vingt-cinq ans après Mai 68, l'idée d'une adolescence alors plus facile, plus engagée, plus libérée et plus entreprenante comparée à celle d'aujourd'hui. On peut cependant se demander si ces attitudes ne manifestaient pas un refus de la société et le besoin de lui imposer les représentations d'un âge arrêté, celui de l'adolescence.

Les adolescents d'aujourd'hui ont envie de grandir et de trouver leur place. Plutôt que nier le monde des adultes, ils veulent y avoir accès même s'ils sont tentés de vouloir revenir à ce qui faisait la jeunesse de leurs aînés, là où des ruptures se sont produites et où des questions sont restées en suspend.

La tendance est toujours grande d'idéaliser le passé à travers la nostalgie d'un « âge d'or ». L'adolescence n'a jamais été un moment facile de l'existence, ce qui ne veut pas dire que tous les jeunes vivent nécessairement de façon problématique ou tragique cette période. Les représentations sociales développent souvent cette idée d'une adolescence dramatique alors que la plupart des jeunes ne se reconnaissent pas à travers cette image.

Pour une grande majorité, ils apprécient d'être dans une famille stable, entre père et mère. Ils sont en attente par rapport à leur formation et leur éducation. Quant à la conception qu'ils se font de la sexualité et de l'amour humain, elle ne correspond pas forcément aux clichés à la mode. Il est d'ailleurs intéressant d'observer que la plupart des conclusions d'enquêtes sociologiques à leur sujet sont convergentes, aussi bien en Europe qu'au Québec. C'est pourquoi il ne serait pas pertinent de considérer cet âge de la vie à partir de ceux qui rencontrent de réels troubles et de projeter sur les autres la difficulté qui est plutôt celle des adultes et de la société à se situer vis-à-vis des adolescents.

Le retour à l'adolescence de ses parents, au-delà du mythe qu'il peut représenter (tout paraissait possible sans confrontation au réel) est aussi significatif du besoin de s'inscrire dans une histoire. Les jeunes générations ont été privées d'une conscience historique dans la mesure où, pour leurs aînés, seul le présent comptait. Le passé n'était pas source d'expérience et d'inspiration pour vivre le présent et concevoir l'avenir. Il fallait à l'époque faire table rase de tout et surtout de la tradition. Le conflit de générations était plus la négation de ce qui était avant soi (comme si la vie commençait avec soi-même) que la recherche d'une place parmi les générations précédentes. On en constate aujourd'hui, chez les plus jeunes, les manques culturels dans bien des domaines...

Il est difficile d'envisager l'avenir quand on n'a pas de passé. Et si l'avenir peut, heureusement, toujours se construire dans une certaine créativité innovante, l'absence de l'apport de l'expérience des générations précédentes est un sérieux handicap. C'est pourquoi de nombreux jeunes aiment, et notamment au contact de leurs grands-parents et si on en juge par le succès des commémorations récentes, retrouver les racines à partir desquelles leurs parents et la société se sont construits.

AFFECTIVITÉ ET SEXUALITÉ

À *qui profite l'éducation sexuelle ?*, 14-15-juillet 1991.
La pédophilie socialement encouragée ?,
    24-25 novembre 1991.
« *L'Amant* », *ou l'inauthenticité des sentiments*,
    2-3 février 1992.
« *Mon image ne me plaît pas* », 5-6 avril 1992.
Magazines et livres érotiques pour jeunes,
    3-4 mai 1992.
L'éducation sexuelle au temps du sida, 13 juin 1993.
Turbulences corporelles, 8-9 août 1993
Cyril Collard, « *L'Ange sauvage* »,
    12-13 septembre 1993.
Consultations radiophoniques, 27-28 mars 1994.
Les dérives de la prévention du sida, 24-25 avril 1994.
Prévention du sida : mais de quoi parle-t-on ?,
    12-13 juin 1994.
Les vacances d'été du préservatif, 21-22 août 1994.

À *qui profite l'éducation sexuelle ?*

Estelle, vingt-cinq ans, est enseignante ; mariée depuis deux ans, elle est enceinte de trois mois. Elle a commencé un travail sur elle-même, voici un an, pour essayer de résoudre des angoisses en lien avec sa relation parentale.

« Mes parents voulaient que leurs enfants soient libres. Ils étaient toujours disponibles et l'on pouvait les déranger à n'importe quel moment sans qu'ils nous demandent d'attendre. Mon père était toujours prêt à tout lâcher pour répondre à nos besoins : jamais je ne l'ai senti obligé par son travail. Il ne disait jamais non ; il n'y avait pas de loi pour nous remettre à notre place.

« L'éducation sexuelle a commencé très tôt. Mon père nous donnait des livres dont je ne comprenais pas toujours la signification exacte. J'en ressentais un malaise et maintenant je peux dire qu'ils en faisaient trop.

« Je leur en veux de m'avoir proposé la pilule alors que je ne leur demandais rien. Je leur en veux de m'avoir laissé entendre que la sexualité, c'est facile et sans problèmes. Je leur en veux de m'avoir laissée libre trop tôt. Je suis partie seule en Hollande à quinze ans avec un garçon de dix-sept ans. Je n'ai pas eu de relations sexuelles avec lui, mais nous avons fumé du haschisch ; c'était pour moi l'unique façon d'affirmer ma liberté.

« Mes parents ont voulu m'informer et entendre éven-tuellement mes interrogations sur le sexe avant même que je ne me sois posé des questions. J'ai surtout cher-ché à vivre, par la suite, des expériences en dehors de ce qu'ils m'avaient dit pour m'imaginer enfin adulte et vraiment libre. J'ai consenti à vivre des aventures sexuel-les mais sans y adhérer.

« En insistant sur la sexualité, mes parents ne m'ont pas dit l'essentiel. C'est comme si on m'avait expliqué un moteur sans me dire que c'était pour aller quelque part. J'ai séparé pendant tout un temps ma vie sexuelle de mon être, de ma personne. J'avais trop peur de ne pas avoir de désir et surtout de ne pas être capable d'accom-plir tout ce qu'on m'avait révélé sur le sexe.

« J'étais aussi gênée de voir la nudité de mes parents : enfant, j'en avais honte et à l'adolescence, ce fut infer-nal. Dernièrement, mon mari les a provoqués sur ce sujet en affirmant que nous ferons autrement avec nos enfants. Mon père, au lieu d'accueillir nos propos, a rationalisé : "C'est normal pendant l'adolescence : on est contre ses parents." Pour lui, être nu dans ces conditions, c'est neutre, on ne remarque pas le sexe. Pour moi, ce n'est pas vrai !

« Mes parents se mêlent aussi de ma grossesse. Ils m'ont conseillé de lire un ouvrage traitant des relations mère-enfant. Je ne le supporte pas. Leurs paroles m'angoissent et m'agressent. J'ai l'impression qu'ils me dépossèdent de mon corps : tout montrer, tout expliquer, tout devancer c'est envahissant et paralysant. Mainte-nant, avec mon mari, je vis ma sexualité, surtout sans avoir à en parler. »

Ce témoignage éloquent est relativement fréquent car, à présent, nous voyons arriver en consultation les enfants inhibés par une certaine éducation sexuelle. Évidem-ment, ce n'est pas une raison pour ne plus rien dire à ce sujet, mais c'est une raison suffisante pour ne pas trop en faire.

Il y a ainsi un discours sexuel en direction des jeunes qui est une véritable provocation. Il ne s'agit pas d'informer, d'éduquer en tenant compte de la psychologie des âges, mais d'exhiber une sexualité adulte que les enfants ne peuvent intégrer qu'en fonction de la conscience qu'ils ont de leur corps.

Trop d'informations les encombrent. Les adultes n'ayant pas toujours résolu le complexe de culpabilité inhérent à la sexualité tentent de le faire en la simplifiant pour les enfants. N'est-ce pas un moyen pour leur éviter tout travail d'intériorisation?

De plus, le sexe n'est pas en dehors de la morale. Vouloir présenter les réflexes sexuels de l'enfant et de l'adolescent comme s'ils avaient leur finalité en eux-mêmes ou vouloir mettre sur le même plan tous les comportements ne facilite pas la formation psychologique et morale de l'individu. La sexualité juvénile est ainsi prise en otage par les adultes qui s'en servent pour justifier leurs conduites ou pour régler leurs difficultés.

La pédophilie socialement encouragée ?

Il n'est pas rare qu'au cours de leur thérapie des adolescents comme des adultes s'expriment directement ou indirectement sur des situations dans lesquelles ils ont été impliqués sexuellement avec des adultes pendant leur enfance. Pour les uns l'expérience est traumatisante, d'autres la vivent comme s'ils n'étaient pas concernés, d'autres encore ne réalisent que plus tard, au moment où leur pulsion sexuelle s'éveille, l'abus qu'ils ont subi et ont du mal à intégrer le choc émotionnel qui perturbe leur sexualité. Enfin quelques-uns ne se plaignent pas de ce « jeu sexuel ».

La question est loin d'être simple surtout lorsque l'on sait que des enfants ou des adolescents adoptent des attitudes de provocation sexuelle vis-à-vis des adultes auxquelles ces derniers, dans leur immaturité, peuvent accepter de répondre.

Autre risque d'importance : celui de voir des adultes, eux-mêmes abusés sexuellement pendant leur enfance, devenir à leur tour des agresseurs. Ils cherchent à faire sur des plus jeunes ce qu'ils ont subi eux-mêmes : de passifs, ils deviennent actifs. Ils peuvent briser ce cycle infernal en ayant recours à la psychothérapie et certains acceptent de s'y engager, montrant à l'évidence une conscience du problème et un désir de changer.

Mais la plupart du temps, ces personnalités ne consultent pas et ne s'interrogent pas sur leurs actes. Elles utilisent des systèmes de défense psychologique pour oublier et s'empêcher de se sentir coupables, ou bien usent d'arguments pseudo-esthétiques, pseudo-amoureux, quand ce n'est pas d'arguments pseudo-pédagogiques d'initiation, voire de contrôle médical.

Il est vrai que de très nombreux pédophiles seront des récidivistes et que même s'ils traversent des périodes de répit, parce qu'ils ont risqué d'être découverts, ils demeurent à la merci d'un débordement pulsionnel. La société a le devoir d'en interdire les manifestations et de protéger les enfants. C'est ici que l'on comprend mieux que la sexualité a une dimension sociale et que si tout est possible au regard de l'inconscient, tout n'est pas réalisable.

Les exemples ne manquent pas et la pédophilie s'exprime aussi bien sur les enfants au sein de la famille qu'avec des adultes rencontrés à l'extérieur. Les enfants accordent souvent leur confiance aux adultes comme ils le font avec leurs parents, et pourtant ils doivent savoir que des adultes peuvent les tromper et les entraîner sous couvert de gentillesse dans de mauvaises actions.

Il revient donc aux parents de mettre en garde de façon générale les enfants contre des personnes qui cherchent à les toucher ou à les inviter à les suivre. À défaut, ce sont les éducateurs qui doivent verbalement énoncer ce principe et nul n'est besoin de faire des mises en scène à l'image de la perversion que l'on tente de dénoncer.

Nous sommes trop souvent prisonniers d'un modèle de prévention qui, en voulant montrer et tout montrer pour alerter, ne fait qu'inciter à transgresser encore plus. Dans ce cas la prévention est perverse. Elle excite plus qu'elle ne contribue à modifier un comportement.

La loi elle-même peut encourager la pédophilie puisque depuis 1982 la pédophilie homosexuelle sur des mineurs de plus de quinze ans est dépénalisée (dans le cas d'une conduite sexuelle consentie entre un jeune de quinze ans et un adulte, les parents ne peuvent porter plainte). En avril 1991, le Sénat a voulu revenir sur cette loi : en vain, ce projet ayant entraîné une vive réaction de quelques homosexuels et une manifestation devant le Sénat sous le patronage de personnalités très médiatiques.

Les arguments avancés ne sont pourtant pas admissibles quant on sait combien un certain discours homosexuel triche avec la psychologie juvénile : au nom « des droits de l'homme nous dénonçons ce retour de l'Inquisition », annonçait leur tract, renouant ainsi avec l'intrigue du vice et de la vertu.

À chaque abus ou crime sexuel sur des enfants ou des adolescents, les médias relancent le débat stéréotypé sur la peine de mort (pour se taire ensuite sur les vraies questions) : ce n'est pas le problème ! Il faut plutôt s'interroger sur ce qui permet, voire encourage, socialement la conduite pédophile.

Nous sommes dans un conformisme ambiant où l'identification à la sexualité infantile et certaines de nos lois sont en train de favoriser, dans notre société, le démantèlement de la famille, de faciliter les conditions d'une société pédophile et de retirer aux parents le droit et le devoir d'exercer leur responsabilité éducative.

« L'Amant »
ou l'inauthenticité des sentiments

Le film *L'Amant* est-il vraiment le chef-d'œuvre qu'on nous impose de devoir reconnaîre comme tel, pour répondre à la question qu'il suggère sans la nommer : « Comment l'amour vient aux adolescents ? » Est-il honnêtement représentatif de l'éveil amoureux ou n'est-il que la tradition d'une reconstruction d'adultes en mal avec leur puberté ?

La réussite des promoteurs de *L'Amant* est de savoir séduire, manipuler et convaincre d'aller voir le film. Devant une telle pression publicitaire, comment résister et ne pas suivre en moutons de Panurge ? Des images somptueuses, une présentation luxueuse du film à la presse, un matraquage systématique ont quadrillé tous les médias sous le contrôle vigilant des attachés de presse. Nous sommes cernés par une avalanche de commentaires, d'interviews qui, du matin jusqu'au soir, nous décrivent la débauche de moyens pour la construction de l'histoire de la petite fille d'Emmanuelle IV qui, muse des années 70, découvrait « le point G » dans toutes les positions et sous toutes les latitudes...

Le réalisateur en plus n'hésite pas à prendre le pouvoir sur les médias pour dire comment il faut voir son film et comment une fille de quinze ans s'éveille sensuellement. Effarant ! Ces images ne sont pas représentatives de ce qui se vit à cet âge, à moins d'être orienté vers des conduites hystériques et, dès lors, être dans le régime de la psychopathologie où le sujet tente de faire croire à l'autre qu'il a le même désir que lui. C'est une emprise affectivo-sensuelle de l'hystérique qui se porte habituellement vers quelqu'un de plus âgé ou de mystérieux et qui représente symboliquement la puissance ; relation qui n'a rien à voir avec le sentiment amoureux. L'auteur affirme benoîtement, pour justifier la provocation de sa mante religieuse, que ce sont toujours « les femmes qui prennent les décisions face aux hommes ». Sans très bien savoir ce qu'il dit, il a raison dans ce cadre névrotique : des hommes se complaisent et se laissent induire par des personnalités avec ce caractère, faute d'être parvenus à une réelle conscience de soi.

Le décalage entre son discours et la réalité des images est révélateur d'un jeu de contraires et en dit long sur ce film truqué que l'on veut nous faire passer pour ce qu'il n'est pas. Que les mots sont beaux quand il s'agit d'éviter de nommer la réalité. Le langage se fait sublime afin que le film ne soit pas perçu comme du voyeurisme : « L'histoire de cette jeune fille, dit-il, me permettait de parler du désir, de la légitimité du désir, de dire le tabou, l'émerveillement de la jouissance, l'abandon de la chair... Il fallait parier sur la dignité des sentiments qui animent mes deux amants, faire comprendre leur désir pour faire accepter leur plaisir. » Cet habillage verbal est trompeur. Nous ne sommes pas dans l'ordre du désir et il n'y a pas de « dignité de sentiments » entre ces deux personnages, la relation est superficielle et sans intériorité. Il ne s'agit pas plus d'un film d'amour que d'un film susceptible de nous parler de ce qui se vit lors de la puberté. Il faut croire que nos amours contemporaines sont bien malades pour se les représenter à travers les perversions enfantines.

Ce film nous renvoie plus aux modèles actuels d'identification sexuelle des adultes qu'aux adolescents dont on s'est servi impudiquement pour en faire la promotion dans certaines émissions. *L'Amant* est l'exemple de ce modèle, et la beauté des images qui met en valeur la splendeur de paysages exotiques reconstruits fait apparaître, ou du moins a du mal à masquer, l'inauthenticité des sentiments. Ce sont les paysages qui sont beaux pour mieux faire passer le corps à corps de cette collégienne avec un aîné, riche et puissant, qui a deux fois son âge. Quel est le sens de cette relation dont on se demande si elle n'est pas restreinte à la pédophilie et à l'inceste symbolique ?

Des adultes calquent leur vie affective sur celle des adolescents pour refuser de sortir des commencements affectivo-sexuels du début de l'éveil pubertaire. Quand l'intensité d'une attirance est prise pour le sentiment amoureux, et que les frissons d'une émotivité à fleur de peau sont bien souvent seuls pour qualifier une pseudo-relation amoureuse, la vie sentimentale devient pauvre. L'expérience pas plus qu'un agir précoce ne favorisent ni la maturité affective, ni l'intériorité des sentiments. Il y a des conditions à l'amour et le sexe n'est pas l'amour s'il n'est pas qualifié affectivement.

Le modèle adolescent ne peut être une référence car les adolescents n'aiment pas : ils aiment d'abord leurs propres sentiments plus que l'autre. Très souvent, ils vivent des amours impossibles parce qu'enfantins : des amours sans amour.

« *Mon image ne me plaît pas* »

Vincent, vingt-quatre ans, se plaint de son corps pour lequel il n'a pas beaucoup d'estime : il ne se reconnaît ni dans ses formes ni dans ses mouvements. Pourtant, du haut de son mètre quatre-vingts, il est bien proportionné et a bonne allure ; mais son problème n'a rien à voir avec son physique, il est surtout dépendant de la représentation psychologique qu'il s'en est construit et qu'il ne parvient pas à modifier.

Il a participé, dans le cadre de sa formation, à un stage de vidéo au cours duquel il a dû faire plusieurs exercices de simulation de situation. Au moment de l'évaluation il n'a pas supporté de se regarder marcher mais n'a rien dit au sujet de sa façon de parler. Son attention s'est principalement fixée sur son corps en mouvement pour n'en retenir que l'impression désagréable d'être un vieillard voûté aux bras pendants, alors que personne ne lui a fait la moindre remarque négative à ce sujet. C'est l'idée qu'il se fait de son corps qui est la plus forte au point de devenir pour lui plus vraie que la réalité.

« J'ai horreur des photos, parce que mon image ne me plaît pas ; lorsqu'on me photographie je ne sais plus quoi faire de mon corps, je me désarticule et me retrouve sans unité. »

Vincent reconnaît qu'il a du mal à accepter et à assumer son corps et situe également sa difficulté dans une tension intérieure en rapport à une image idéale d'un corps d'homme à laquelle il voudrait correspondre : image qui est également le résultat d'une histoire subjective entre son père et lui.

« J'ai une vision négative de mon père, dans la salle de bains je le trouvais trop maigre, sans muscles et sans formes et cette sensation s'est aggravée quand j'ai vu d'autres hommes. Je me suis fabriqué un idéal corporel à atteindre, d'où des attirances homosexuelles pour des hommes qui se rapprochent le plus de cette image et que je rencontre dans le sport. J'ai toujours rêvé d'être robuste ; pourtant, quand je suis avec des hommes qui le sont, je ne sais plus comment agir, j'ai peur d'eux... Entre quinze et vingt ans, je ne pouvais pas imaginer qu'une femme puisse avoir envie de moi. Actuellement, avec mon amie que j'aime, nous faisons des projets d'avenir, je me vois continuer avec elle et je suis tout étonné de constater que je l'intéresse, même si je n'ose pas trop m'exprimer sexuellement avec elle : parfois je préfère me satisfaire tout seul en pensant à elle, je suis comme un gosse ! Je garde encore l'image d'un corps qui n'est pas fini... »

L'image dévalorisée de son corps s'est développée en comparaison avec celle du corps de son père qui lui inspirait de la fragilité et de l'inconsistance même si, par ailleurs, celui-ci est apprécié dans sa vie familiale, professionnelle et sociale. Vincent ne reproche rien à son père dans ses attitudes, leurs relations ont toujours été satisfaisantes ; simplement, il bloque sur ce corps paternel qui semble lui faire défaut afin de construire le sien et il sait maintenant que ce blocage vient de lui.

Il n'est pas toujours facile de devenir le sujet de son corps surtout au moment de la puberté quand l'individu va devoir intégrer l'image d'un corps sexué. Il peut le rejeter, devenir agressif ou se restreindre dans toutes sortes d'ascèses qui vont du sport à la privation alimentaire pour refuser la nouvelle économie de la pulsion sexuelle.

La psychologie pubertaire qui se développe en extension aux transformations physiques est celle des défis, des revendications et des transgressions au risque de s'y enfermer. Mais c'est aussi l'âge où l'on retrouve la force et la faiblesse de ses identifications parentales à partir desquelles son image corporelle va être plus ou moins acceptée.

En parlant de son corps et en l'agissant, l'adolescent exprime également la façon dont il a vécu celui de ses parents mais, pour assumer son propre corps, il lui est nécessaire de les déloger de son espace physique. Sinon, en ne conservant qu'une image de son corps d'enfant, il restera sur l'idée d'un inachèvement qui l'empêchera de communiquer dans la réciprocité avec autrui. Il revient à chacun de prendre corps.

Magazines et livres érotiques pour jeunes

Yeh, Girl, Jeune et jolie sont, parmi quelques titres, des magazines apparus ces derniers mois sur le marché en direction des filles de 13-20 ans. Zapping d'images, on y passe des soins de beauté aux vêtements, de la nourriture aux chanteurs et aux vedettes de cinéma : sujets qui restent néanmoins accessoires, l'essentiel de la ligne éditoriale étant principalement orienté sur des thèmes et une iconographie érotiques. Ce sont donc pour les jeunes des magazines d'un genre nouveau où le sexe apparaît comme une fin en soi derrière le maquillage d'une pseudo-sentimentalité.

Les manchettes de couverture sont éloquentes : « Je sors avec un mec canon : comment assurer ? », « Quand faut-il coucher ? », « Devenez une bombe sexuelle ! », « C'est quoi un bon coup ? », « Les meilleurs endroits pour draguer », « Comment faire craquer les garçons ? », « Maquillage de pro pour le rendre accro ». Des dossiers photos illustrent différentes façons d'avoir des relations sexuelles, et des romans-photos semblant venir d'un autre âge présentent des scénarios érotico-amoureux où alternent mauvais goût et vulgarité. Des posters généreusement offerts font écho aux mêmes scènes où de jeunes garçons dans des tenues et des poses provocantes rappellent d'autres magazines... Des conseils sont donnés au sujet des techniques du plaisir. On y retrouve évidemment les rubriques habituelles du médecin, du psychologue et du sexologue qui répondent aux questions des lectrices : seule note à peu près positive, certaines réponses au courrier (ou prétendu tel) font preuve de bon sens.

Ces magazines sont destinés aux filles et l'équivalent n'existe pas (encore) pour les garçons. L'idéologie sous jacente n'a pas d'autres préoccupations que de favoriser l'expression sexuelle juvénile en donnant des conseils ou des justifications psychologiques qui sont, au regard du spécialiste, souvent inexacts et démagogiques. Cette commercialisation du sexe adolescent a besoin de flatter son public pour maintenir sa clientèle sans aucun souci éducatif.

Des livres à caractère érotique pour les 8-12 ans sont également publiés sans que les adultes ne s'inquiètent de leur présence dans certaines bibliothèques scolaires. Les titres sont très explicites : *Les Gros Lolos, Le Baiser sur le toit, Lili bouche d'enfer, Je suis amoureuse d'un tigre.*

Nous pourrions continuer la liste et recenser d'autres publications qui ont réussi à franchir l'évaluation psychologique et morale de la commission de contrôle du ministère de l'Intérieur. Or, une réflexion sérieuse s'impose devant cette escalade d'érotisation des enfants et des adolescents. Si le psychanalyste passe une partie de son temps à permettre à ses patients de libérer leur pulsion sexuelle dans le champ de leur conscience afin de favoriser par la suite une relation affective de plus grande qualité, il doit également entendre la plainte de ceux qui ne parviennent pas à se dégager du sexe de leur adolescence et qui vivent encore avec une pulsion éclatée au lieu d'être unifiée à la vie affective. Toutes ces publications laissent entendre que le sexe de l'enfant et de l'adolescent doit pouvoir s'exprimer dans l'agir au lieu de rester dans l'ordre de la parole afin que le sens du désir se développe. L'expérience prouve, et nous le savons bien en psychologie sexuelle, que le besoin physique de l'autre n'est pas synonyme de sentiment amoureux et qu'il est rare que ce dernier existe vraiment à l'adolescence. Une attirance ou un sentiment ne sont pas authentiques sous le seul prétexte qu'ils sont vécus et ressentis : on peut être sincèrement dans l'erreur et entretenir avec l'autre une relation de même nature qu'avec son nounours. La relation primitive d'autoconservation si fréquente à l'adolescence ne saurait se confondre avec le sentiment amoureux surtout lorsqu'elle se porte sur des gens ou sur des personnages médiatiques largement plus âgés que soi.

De nombreux adultes aveuglés par leur propre adolescence tentent de rejouer leurs premiers émois à travers ceux des plus jeunes en leur faisant croire qu'ils sont dans une relation amoureuse alors qu'en réalité ils sont figés là où leurs aînés n'ont pas pu progresser. Le travail éducatif qui importe le plus aujourd'hui est d'apprendre aux jeunes à identifier leurs sentiments et leurs désirs en sachant que ces derniers n'ont pas vocation à se réaliser mais à se traduire dans des besoins et des nécessités. Faut-il le rappeler : le couple adolescent tel que nous l'avons formalisé en vingt ans n'est pas la réponse à la problématique affective de cet âge.

La question essentielle est sans doute du côté des adultes qui valorisent de plus en plus la sexualité infantile au risque d'en arrêter le développement. Nous sommes dans une société pédophile qui cherche à faire jouir les enfants et les adolescents et à jouir avec eux de leur sexualité.

L'éducation sexuelle
au temps du sida

Nathalie, dix-huit ans, « fixe son angoisse sur le sida ». Elle n'a vécu que des « préliminaires non protégés » et le malaise qu'elle évoque masque en réalité un fort sentiment de dévalorisation. Didier, seize ans, me fait part d'une version tragique de son avenir lorsque l'on sait que la transmission n'est pas une fatalité. « Le jour où il faudra faire un enfant, il faudra retirer le préservatif, et après on mourra ? » Ce qu'il imagine est plus important que toutes les données objectives qu'il a entendues par ailleurs et manifeste en réalité une crainte de la sexualité inhérente à sa vie interne.

Ces deux expériences concernant, de près ou de loin, la prévention[1] montrent combien il est important que cette dernière tienne compte de la psychologie sexuelle (en particulier celle des adolescents) pour ne pas entretenir (comme elle le fait hélas actuellement) des représentations qui vont à l'encontre des structures psychiques et culturelles.

Même si, en réalité, cela ne correspond pas à une pratique dominante importante, nous sommes dans un environnement dont les images incitent et favorisent « le contact sexuel » précoce. Certains adolescents

1. Voir, sous la direction du professeur RUFFIOT, *L'Éducation sexuelle au temps du sida*, Privat, 1992.

s'inquiètent alors de ne pas « y être passés », pour d'autres « c'est très facile », et pour d'autres encore « trop facile pour être vrai ». Ce qui demeure comme constante chez eux est cette blessure qu'ils éprouvent à la suite de nombreux échecs affectifs qui finissent par les faire douter d'eux-mêmes. Quand ils reconnaissent la nécessité d'une réflexion sur le sens de la relation amoureuse, ce n'est pas d'abord le sida qui en est à l'origine. Elle était déjà amorcée à la fin des années 70 devant l'impasse de la libération sexuelle qui avait refoulé le sentiment au profit de relations sexuelles vécues pour elles-mêmes[1].

La prévention du sida touche à la vie intime de chacun, et la plupart des campagnes qui ont été faites en France jusqu'à présent l'ont plutôt maltraitée quand elles modélisent une sexualité faite de comportements en dehors d'une réflexion sur le sens du désir et de toute intériorité, ou qu'elles apparentent l'autre à un danger potentiel. Comment ne pas s'interroger par exemple sur le matériel pédagogique utilisé par des associations auprès des jeunes ? Le vulgaire des discours y côtoie des images perverses de brochures et de bandes dessinées de mauvais goût. Le préservatif y est montré comme l'objet authentifiant la relation, alors qu'il serait plus juste de lui laisser uniquement son caractère de protection physique. Plus grave, ainsi présenté, le préservatif induit l'idée que tous les comportements se valent psychologiquement. Or, l'expérience clinique prouve que ce n'est pas si simple.

Il est nécessaire de tenir compte de certaines conduites en rappelant évidemment à ceux qui ont des relations multiples les façons de se protéger et de protéger les autres tant qu'ils n'ont pas accédé à d'autres dimensions de la relation. Mais il est aussi important de compléter

---

1. T. ANATRELLA, *Le Sexe oublié*, Champs-Flammarion, n° 278, 1993.

ce discours en rappelant que l'amour humain ne saurait se réduire à des relations transitoires. Il est une réalité que l'on construit et vers laquelle, finalement, chacun et une société veulent s'acheminer et durer. La plupart des émotions comme des sentiments, pour attachants qu'ils soient, ne sont pas systématiquement significatifs d'une relation authentique à l'autre.

La prévention tapageuse, faite d'exhibitionnisme sexuel et propageant le modèle d'une sexualité tous azimuts, est irresponsable. Elle est en total décalage avec ce que symbolise le sida, à savoir une affection de la vie intime. Passé le temps de l'énorme gâchis financier, des recherches de slogans incantatoires qui font rire plus qu'ils n'éveillent les consciences, sans doute faudrait-il promouvoir une véritable prévention de proximité éducative. La famille et les professionnels de santé sont les premiers partenaires attendus aussi bien par les jeunes que par leurs parents[1] et l'expérience prouve que la prévention est parlante et efficace quand elle se fonde sur des relations de proximité, avec des partenaires éducatifs valorisés.

Il revient aux adultes[2], parents, éducateurs, de travailler avec des jeunes, là où ils en sont de leur développement affectif, pour qu'ils progressent et non pour les installer dans un jeu de sentiments qui ne les aideront pas toujours à construire une histoire, à construire leur vie.

---

1. Voir le sondage de *La Croix-L'Événement* et *Talents*, juin 1993, publié dans *La Croix-L'Événement* du 12 juin 1993.
2. D. et P. STAGNARA, *L'Éducation affective et sexuelle en milieu scolaire*, Privat, 1992.

Turbulences corporelles

Le corps qui se modifie au début de la puberté est souvent source d'inquiétude. L'enfant, sans forcément en avoir conscience, vit une telle remise en question de son image corporelle qu'il est en partie déstabilisé dans ses points de repères habituels. Il est donc fréquent d'observer des adolescents exprimer physiquement leurs difficultés personnelles ou à l'inverse leur aisance intérieure.

Dès ce moment, l'image du corps va être en perpétuelle transformation, mais celle du corps de l'enfant restera présente à l'esprit, plus ou moins en opposition avec celle de l'adulte dans laquelle l'individu peut ne pas toujours se reconnaître.

L'insécurité individuelle commence avec cette « perte » corporelle qui peut susciter des sentiments d'étrangeté avec soi-même, des craintes de maladies ou de malformations. La tâche psychologique spécifique à l'adolescence consiste à intégrer son corps sexué, à savoir composer avec ses émotions et ses pulsions et accepter de se différencier des autres. En cela chacun évolue à son rythme et réagit selon sa personnalité et aucune norme ne saurait rendre compte de l'évolution singulière et relativement inclassable de chaque sujet.

La psychanalyse travaille tout particulièrement cette expérience individuelle afin de favoriser une prise de conscience en soi et de dénouer, lorsque cela est nécessaire, des conflits qui empêchent de vivre. Mais les images sociales et les modes s'imposent souvent comme du « prêt à penser » corporel et induisent des normalités qui peuvent varier d'une période à une autre. Lorsque les conditions sont réunies, la triple interrogation du pubertaire entre treize et dix-huit ans oscille du besoin de savoir si ce qui se passe en lui « est normal », à « ce que les autres pensent » et « comment ressembler aux autres » tout en voulant « se montrer original ». L'intérêt que manifeste ainsi l'adolescent pour son corps représente également la façon dont il tente d'être en relation avec autrui. Toute anomalie le trouble, toutes les moqueries contre son physique le dévalorisent et parfois restreignent sa socialisation. Il est fréquent que des adultes reconnaissent au cours de leur thérapie combien, étant jeunes, ils ont souffert de l'image négative de leur corps vécue à travers le regard mais aussi la parole des autres...

Le corps est le seul point de repère de l'adolescent en recherche de lui-même. Il s'émancipe de ses images parentales à travers lui, il est la limite entre sa vie intérieure et sa vie sociale, il est porteur de la présence des autres qu'il recherche ou qu'il fuit. Il est aussi la mémoire des satisfactions enfantines auxquelles il a dû renoncer et, enfin, il est l'actualisation d'une nouvelle économie intérieure avec l'apparition de fantasmes et de sources d'excitation qui prennent, selon les individus, de plus en plus d'importance. La peur de ne pas contrôler et d'être débordé par cette vie pulsionnelle incite certains à développer des conduites d'ascétisme. Elles se traduisent en particulier par « la haine » de l'éveil pulsionnel et se révèlent à travers des relations d'hostilité, d'agressivité et de reproches constant à l'égard des autres et des figures d'autorité qui leur rappellent trop ce qu'ils se refusent à eux-mêmes. Ils ne peuvent pas choisir leur corps comme objet d'amour en attendant de l'inscrire dans la relation aux autres. Le corps reste donc dépendant d'une attitude défensive qui va de l'agir insouciant jusqu'à la méfiance.

Dans ce cas l'adolescent peut développer un système de contrôle : il néglige son hygiène corporelle et vestimentaire, maintient une vigilance et une censure épuisantes contre ses fantasmes et passe facilement d'une relation apparemment conviviale à la méchanceté. Le recours au tabac, à l'alcool et à la drogue sont autant de façons de vouloir se calmer, être paisible et en harmonie avec soi-même tout en développant d'autres pathologies de la dépendance. Mais c'est toujours la même négation du corps et des sources du plaisir qui domine avec la hantise de rester enfermé dans des pratiques masturbatoires.

Cette position défensive se modifie lorsque l'individu parvient à différencier sa vie affective de ses images parentales et apprend à communiquer avec soi-même. Il reconnaît ses besoins, leur donne un sens, et s'estime dans ses relations qui sont alors vécues dans la recherche d'une coopération avec autrui. La vie pulsionnelle peut ainsi s'organiser. En acceptant son corps n'est-ce pas se disposer à en vivre les plaisirs ?

Cyril Collard, « L'Ange sauvage »

Six mois après le succès de son film, *Les Nuits fauves*, six mois après sa mort, voici que sont publiés les carnets de Cyril Collard[1]. Au fil des pages, nous assistons à un zapping de sentiments, d'images, de sensations et de comportements des plus tourmentés. Toutes les réalisations semblent possibles comme elles se présentent à l'esprit : aimer un homme, aimer une femme, aimer des corps en morceaux et se stimuler à la drogue. Ces pages traduisent des ambivalences et la difficulté de vivre avec soi-même, dans un monde où chacun est davantage renvoyé à lui-même au plus près de ses émotions inconscientes.

Les textes et les images de C. Collard sont le reflet de l'air du temps : la confusion des sentiments qui ne parviennent pas à s'élaborer et restent à l'état premier de la représentation pulsionnelle. Ce défaut d'élaboration (que l'on constate dans les psychologies contemporaines) provient pour une part d'un manque d'identification notoire pour se construire. Quand des enfants et des adolescents veulent aussi se débrouiller tout seuls sans possibilité de se reconnaître à travers leur environnement, ils ont du mal à devenir autonomes et à identifier leurs sentiments. Les conduites affectives restent impulsives, avec le besoin de se mirer dans l'autre sans pouvoir se différencier, les

1. C. COLLARD, *L'Ange sauvage*, Flammarion, 244 p.

dépendances sont multipliées. L'une des tâches importantes de l'adolescence consiste à traiter la bisexualité psychique qui traduit plus l'inachèvement sexuel que le fait d'« avoir » les deux sexes. Les pratiques homosexuelles qui peuvent, parfois, se développer en extension à l'échec de l'intégration de son corps sexué sont le reflet d'un conflit psychique et non pas le résultat d'un problème hormonal ou d'une cause neurologique. La confusion des identités sexuelles débouche aussi sur la confusion des idées, ce qui provoque chez certains le besoin de s'éprouver, mais aussi la difficulté de sortir d'un certain enfermement narcissique.

Ce sont sans doute ces éléments, significatifs d'une crise de l'intériorité, qui ont fait le succès du film *Les Nuits fauves* auprès de nombreux jeunes et adultes. L'objet de ce film, ainsi que celui du roman [1] n'est pas le sida comme on a voulu le laisser entendre de façon médiatique. Il concerne d'abord une double interrogation : comment aimer et quel est le sens d'une quête sexuelle éperdue ? C. Collard ne voulait pas être un romancier de plus dans l'univers morbide du virus. Il rageait de voir la plupart des critiques passer à côté de ce double enjeu et se perdre dans les méandres du préservatif.

C. Collard, comme de très nombreux jeunes, se cherchait et la véritable souffrance de sa vie n'était pas l'échéance fatale fixée par la maladie, mais plutôt les solutions qu'il ne parvenait pas à donner à son existence. Toujours entre le sublime et le pervers. Il ne faut donc pas s'étonner de l'impact qu'ont pu avoir les héros des *Nuits fauves* sur les plus jeunes des spectateurs qui auront retrouvé, par morceaux, des aspects d'eux-mêmes. Certains me disaient avoir été « emballés » parce

1. Voir T. ANATRELLA, *Adolescences au fil des jours*, Éd. du Cerf, 1994, p. 207-209.

qu'ils trouvaient aussi une justification à ce qu'ils sentaient ou vivaient, d'autres reconnaissaient en avoir perdu le sommeil pendant plusieurs nuits. Cyril Collard n'a pas gâché sa vie. Sa vie s'est arrêtée alors qu'il commençait à y trouver un sens. Il est davantage un témoin des conflits internes qu'un modèle ou un martyr. Ses écrits ne sont-ils pas une provocation ? Ils ont la verdeur des propos des gens de sa génération et s'ils ont souvent de quoi horrifier, c'est que l'adolescence est rarement simple à vivre, mais aussi à raconter. Pour ma part, je regrette que n'apparaisse pas plus dans ces notes celui que l'on connaissait par ailleurs et qui s'interrogeait sur ses pratiques, sur sa vie et même sur Dieu. Comme il voulait le faire avec son film et surtout les dernières images, entre ciel et terre, dans l'ambivalence très actuelle du panthéisme et du syncrétisme religieux.

Consultations radiophoniques

La difficulté de savoir identifier ce qui se passe en soi et dans son imaginaire, dans ses attirances et dans ses relations avec les autres, ou encore de chercher à se situer face aux modèles des représentations et des comportements sexuels en vogue que la société fabrique, sont autant d'interrogations qui semblent préoccuper aussi bien les jeunes que les adultes. Le besoin de raconter ses expériences, de chercher une réponse à un problème sexuel ou encore d'exprimer ses inquiétudes face au sida, aux divers changements corporels et émotionnels et aux angoisses des âges de la vie, mais aussi par rapport à bien d'autres sujets, se développe dans la plus grande transparence sur les ondes.

Faut-il interpréter la « consultation radio » comme un manque de communication dans le couple ou dans la famille entre parents et enfants ? Ce n'est pas évident car la plupart des questions posées sont difficilement abordables en famille. Les parents sont trop proches et les plus mal placés pour parler de la sexualité avec leurs enfants adolescents. Certes, ils ont à s'exprimer sur le sens de la sexualité humaine et parfois à poser des limites pour contenir les conduites impulsives et les relations précoces sources d'immaturité ultérieure. Mais ils n'ont certainement pas à entrer dans des investigations qui les rendraient trop présents là où l'adolescent doit s'émanciper d'eux. Et pourtant, les adolescents ont besoin de parler de leur éveil affectivo-sexuel et les enseignants ne sont pas non plus nécessairement les mieux placés. L'interlocuteur valable est souvent celui qui vient de l'extérieur de la famille et de l'école, et qui sait entendre et comprendre les interrogations.

En fait, de nombreux adolescents doivent se débrouiller tout seuls. La dégradation du lien social et de l'environnement éducatif a ainsi favorisé le recours à la consultation radiophonique. Des magazines, des émissions de radio et de télévision ont donc pris le relais mais en uniformisant les questions et les réponses sans être en mesure de tenir compte réellement des individus et du sens de leurs questions. Si quelquefois les animateurs font preuve de bon sens dans leurs réponses, trop souvent, seul le symptôme est entendu. Les conseils donnés entretiennent alors des pratiques sexuelles infantiles (celles des pulsions partielles : voyeurisme, exhibitionnisme, sadomasochisme, pédérastie, masturbation, sodomie, etc.) sans véritablement les traiter.

Les questions que posent les adolescents aujourd'hui sont différentes de celles qu'ils posaient il y a quelques années. Ils restent souvent enfermés dans une sexualité primaire et, en cela, ils sont surdéterminés par ce qu'ils voient et ce qu'ils entendent dans les médias et, par exemple, à travers les films érotiques qui passent à la télévision et dont les enregistrements circulent dans les cartables... Leur imaginaire est envahi par des images et des pratiques qui inquiètent certains parce qu'elles alimentent ce qu'ils tentent de transformer dans leur maturation sexuelle et que d'autres cherchent à reproduire puisqu'elles font écho à l'état brut de la pulsion. Intervenant récemment dans un collège, des filles de quatrième me demandaient si la relation sexuelle était simplement la fellation ou la sodomie. Quant aux garçons, ils voulaient savoir s'il fallait attacher son partenaire pour éprouver plus de plaisir ou encore s'il fallait jouir dans la partenaire ou en dehors d'elle, et comment faire des enfants puisqu'il fallait toujours mettre un préservatif ? Les adolescents reçoivent tous ces messages là où ils en sont de leur développement pulsionnel et de leur image corporelle. Ils ne voient que des actes en morceaux et des plaisirs parcellaires tant qu'ils n'ont pas acquis une vision globale de l'autre. Dans ce cas, la sexualité reste brutale, réflexe, centrée sur des organes et l'amour se confond avec des émotions.

On comprend dès lors pourquoi, pour parler de la sexualité, les propos sont souvent vulgaires sur les ondes. Le modèle dominant est celui d'une psychologie sexuelle orale et anale où la frustration et l'agressivité sont très actives. Nous sommes dans un contexte qui favorise les régressions plus que les élaborations et qui entretient l'état premier de la pulsion comme pour ne pas avoir à sortir de la sexualité infantile où l'autre ne compte pas.

Les dérives
de la prévention du sida

J'ai donc regardé l'émission *Sidaction*[1] pour laquelle, et pour un soir, toutes les chaînes de télévision se sont associées. J'étais intéressé par cette initiative tout en mesurant les dérapages possibles d'une telle entreprise. Il était utile de rappeler que la transmission du virus est évitable et que des modes de protection existent, que les malades ne sont pas dangereux et que la société doit être généreuse avec eux comme avec tous les malades. Cependant, en France, il est difficile de réfléchir sur la prévention du sida depuis qu'une triple perspective nous a été imposée par les instances officielles : banaliser l'homosexualité pour faire accepter les malades du sida, soutenir le modèle des relations à partenaires multiples et privilégier le préservatif en minimisant d'autres moyens. Ils sont déniés pour ne pas s'interroger sur soi. De plus, si chaque personne peut être exposée au virus en fonction de son comportement, tous les groupes ne sont pas atteints dans les mêmes proportions. On a fait le choix d'un discours égalitaire pour éviter toute discrimination, mais il se retourne contre la prévention car il ne correspond pas à ce que les gens observent autour d'eux.

1. Le 7 avril 1994.

La prédominance de quelques associations aux orientations extrémistes, dans la préparation de l'émission, a sans doute empêché une réelle prise de conscience des enjeux. Paradoxalement, en effet, ce sont souvent les militants qui agissent contre l'exclusion qui finissent par en fabriquer le discours social. Il ne suffit pas d'attaquer les pouvoirs publics, de dénoncer tout et n'importe quoi comme étant de la discrimination ou de déformer avec des stéréotypes convenus, dans des pamphlets, les propos des chercheurs et les questions qu'ils posent pour être crédible.

Il n'est pas pertinent de mélanger au nom de l'information sida la recherche médicale, la prise en charge des malades et la prévention en direction de la population. Il n'est pas évident non plus de confondre les rôles. Le chercheur en biophysiologie pas plus que le soignant ou le membre d'une association d'aide aux malades du sida ne sont, par le fait même, habilités à faire de la prévention. La prévention implique une réflexion, une compétence et un rôle spécifique distinct des autres tâches, mais aussi libéré d'une mentalité de militant[1].

Il aurait été utile de rappeler que la prévention est une nécessité pour d'abord réfléchir sur ses comportements et préparer progressivement les jeunes à être conscients des risques de la vie et à devenir responsables de leur santé et de celle des autres[2]. Nous sommes des êtres fragiles, même si notre univers technologique et surmédicalisé nous porte à croire que nous sommes immortels. Que l'on ne se fasse pas d'illusions, de nouvelles maladies vont apparaître puisqu'elles évoluent avec nos conditions de vie. Le virus du sida a une longue histoire. Il s'est activé du fait de la modification des équilibres

---

1. Voir, sous la direction du professeur RUFFIOT, *L'Éducation sexuelle au temps du sida*, Éd. Privat, 1992.
2. Voir T. ANATRELLA, *Non à la société dépressive*, Flammarion, 1993.

biologiques et pas seulement parce que nos mœurs sexuelles seraient plus « dépravées » qu'à d'autres époques ; alors que c'est sans doute le contraire. La sexualité n'est pas sans risques et ne peut pas se vivre n'importe comment. Surtout lorsque des pratiques sexuelles sont recherchées pour calmer une angoisse et le désespoir. Il est faux de prétendre que « rien ne change grâce au préservatif ». La mort est au cœur de l'amour et on ne peut pas le vivre en ignorant le sida. La prévention, si nous voulons devenir plus humains, c'est aussi apprendre à répondre à la question du sens de la relation à l'autre.

Prévention du sida :
mais de quoi parle-t-on ?

Parmi les adolescents que je rencontre en consultation ou en groupes, beaucoup me parlent de l'intrusion des parents dans leur vie affective. Il est fréquent, en effet que des mères, dès qu'elles soupçonnent chez leur fils un début de relation dite « amoureuse », s'empressent d'aller acheter une boîte de préservatifs qu'elles déposent bien en vue dans la chambre du garçon. Ce dernier me rapportant qu'à la découverte du « cadeau » il ne savait plus quoi penser de cet intérêt soudain de sa mère pour sa sexualité.

J'entends dire, par ailleurs, que des parents, de plus en plus nombreux, acceptent, supportent, voire favorisent la cohabitation sous le toit familial de leur fils ou fille, avec un partenaire, ravis de les savoir avec « quelqu'un de fixe ». Certains n'hésitant pas à se faire les fournisseurs de préservatifs, s'assurant régulièrement que leur nombre diminue dans la boîte...

Ce sont donc les campagnes pour les préservatifs, si utiles soient-ils, qui sont au premier plan des préoccupations de ceux qui s'occupent des adolescents et ces derniers n'en tiennent pas toujours compte alors qu'ils connaissent les modes de transmission et de protection contre le VIH. Il ne suffit pas de savoir pour changer !

Le discours hygiéniste fait trop l'impasse sur le sens de la vie affective et c'est méconnaître la psychologie sexuelle que d'affirmer : « Vous n'avez pas à avoir peur puisque vous avez un vaccin de latex efficace à 100 %. » La propagande sur le préservatif masque, en effet, les questions qui se posent à l'adolescent.

Toute l'angoisse imaginaire, qui est de toute façon liée au sexe, se confond avec le sida et comme l'adolescent a une force de résistance psychologique considérable pour escamoter ses interrogations, en cherchant à évacuer ses angoisses, il évacue le sida avec elles. Mais dans d'autres cas le virus peut catalyser des phobies.

Curieusement on se refuse à comprendre cette défense. Les adolescents sont à un âge où ils n'ont pas conscience des risques de la vie, même si on leur explique. Les concepteurs des campagnes vivent sur le mythe de la libération sexuelle : la sexualité serait facile et ne doit poser aucun problème. « C'est *cool!* » Nous sommes en décalage complet avec les besoins et les nécessités actuelles. La présentation d'une sexualité éclatée ne va-t-elle pas agir contre la prévention et préparer à terme tous les ingrédients pour le retour du puritanisme?

Était-il, par exemple, vraiment utile et pertinent d'exhiber, lors de l'émission *Sidaction* un pénis en érection pour montrer comment mettre un préservatif? Est-il vraiment nécessaire de répéter ce type d'exercice dans les écoles et de distribuer des « capotes » de toutes les couleurs jusque dans les écoles primaires? Et que penser de tout ce qui se publie au nom de la prévention du sida : bandes dessinées, cassettes vidéo et mallettes pédagogiques?

En général, ces documents ne font qu'offrir, avec complaisance, de façon vulgaire et grossière, des gestes sexuels valorisant des conduites perverses. N'est-ce pas un paradoxe que d'appeler les gens à « se protéger » tout en les incitant à changer souvent de partenaires, à pratiquer le sadomasochisme, à banaliser l'état premier des pulsions voire l'inceste pour excuser la détresse ou justifier le plaisir ? Ce matraquage, imprégné d'une vague sentimentalité qui fait croire que l'on prend en compte l'affectivité, justifie en fait l'immaturité ambiante. Et que l'on ne se méprenne pas : ce sont bien les discours et les représentations valorisés par certains documents qu'il s'agit de critiquer et non les individus engagés dans des situations complexes.

Le sida sert également de prétexte et d'alibi pour justifier l'homosexualité comme modèle social et le situer à parité avec l'hétérosexualité comme si cela ne posait aucun problème. Il est aussi utilisé pour transgresser l'intimité en la plaçant sur la scène publique. Nous fabriquons un sexe instrumental puisque la plupart du temps, dans les modèles sociaux, les relations affectives sont présentées comme impossibles.

Le discours social et la militance sanitaire qui se propagent à partir du sida ne font que légitimer une sexualité marginale en pensant que les jeunes vivent ainsi. Cet *a priori* ne correspond pas à la réalité. Il est également inexact de prétendre que les jeunes vivent mal leur jeunesse à cause du sida. Tous ces clichés n'invitent-ils pas à être victimes plus que responsables ?

Les vacances d'été du préservatif

En ces mois d'été les murs de la capitale sont recouverts par des affiches qui vantent, curieusement, les avantages surtout moraux du préservatif. On peut, en effet, y lire : « En vacances j'oublie tout sauf les préservatifs. » D'autre, à l'attention des touristes, traduisent en français la demande qui devrait avoir cours dans les pharmacies : « Bonjour, je voudrais des préservatifs. » Les concepteurs ont poussé le bon goût jusqu'à calligraphier en lettres gothiques la langue allemande.

Les vacances sont présentées comme si le reste de l'année ne devait pas exister et comme si, durant ce laps de temps, tout était possible. En direction des jeunes, ce discours social de la fuite, de l'« oubli » des soucis de la vie quotidienne et du refus de se prendre en charge va à l'encontre de l'objectif sanitaire recherché. Certes, il est utile de disposer de temps et d'espace pour vivre différemment. Les vacances sont ce temps de récréation qui le permet en dehors des contraintes trop pesantes de la société technologique et urbaine. Mais associer les vacances à l'abandon de soi et à la multiplication des partenaires est un appel à la négligence et à une conduite insensée. Cette vision plutôt ludique et enfantine des relations sexuelles confine à l'insouciance et même à l'irresponsabilité.

Qu'on le veuille ou non, ces représentations médiatiques finissent par modéliser les mentalités, en particulier celles de certains jeunes dont le moi se forme en intériorisant ces idées et en pensant qu'il faut vivre ainsi. Ils sont déterminés par le contenu implicite du message qui justifie et valide le multipartenariat dans la conception d'une vie sexuelle facile et qui ne doit pas poser de problèmes. Le discours manifeste sur le préservatif devient quant à lui secondaire et significatif d'une certaine désinvolture.

Des marques ont également accepté de voir détournés leurs slogans habituels pour banaliser le préservatif, alors qu'elles encouragent à la fois des pratiques et des inhibitions. Cette normalisation n'est pas saine. Ceux qui les inspirent ont d'autres intérêts que la santé publique.

La campagne sanitaire est dépassée quand elle incite à multiplier les contacts sexuels sans importance du moment qu'ils sont en latex. Il n'est même pas utile de s'interroger sur le sens de ses relations et encore moins sur la question luxueuse des « conflits de devoirs », mais tout simplement d'agir en réponse au mouvement excitation-impulsion. Dans un fascicule largement distribué dans les lycées[1], il est benoîtement affirmé : « L'utilisation du préservatif, en supprimant de nombreuses inquiétudes, facilite la confiance. » Le préservatif aurait donc la vertu de supprimer toutes les interrogations au sujet de la sexualité. Quelle dénégation ! Au nom de quoi, et qui décide d'imposer à la population cette morale de l'insouciance ?

Les conséquences psychologiques, sociales, et morales de ces campagnes sont pour l'instant invisibles, mais elles seront aussi graves que celles de la diffusion de produits sanguins contaminés par le virus du sida. On continue à répandre des messages comme si le sexe était sans risques et en dehors de toute analyse et réflexion morale.

1. *Les Premières Fois*, livret édité par l'Agence française de lutte contre le sida.

Cette illusion favorise les relations de mauvaise foi avec soi-même et les autres ; elle est même source de violence qui se traduit par l'augmentation des actes d'agression dans la vie quotidienne.

Le paradoxe veut qu'au moment où Paris fait la promotion du préservatif, une campagne publicitaire est aussi engagée pour une messagerie du minitel rose. Une femme y apparaît de dos, vêtue d'une robe généreusement fendue jusqu'aux fesses. Un garçon de trois ou quatre ans, marchant derrière elle. Et l'on peut lire : « À quoi rêvent les hommes ? »

Les hommes sont ici représentés par un enfant érotisé dans une relation plutôt maternelle ! Sommes-nous dans une relation incestueuse ou pédérastique ? Deux attitudes qui révèlent surtout une sexualité imaginaire où il importe peu de se préoccuper de la qualité de l'autre mais de l'intérêt d'un corps en morceaux. On peut s'interroger sur le lien hypothétique entre ces deux publicités : les campagnes pour le préservatif ne cherchent-elles pas à maintenir et à entretenir la sexualité infantile puisqu'elles sont incapables d'en appeler à la responsabilité ?

LE MAL DE VIVRE

L'ennui me gagne..., 3-4 novembre 1991.
De l'avortement raté au suicide, 23-24 février 1992.
La déprime : « J'ai envie, mais je ne peux pas ! »,
    21-22 juin 1992.
Boulimie et refus de grandir, 25-26 octobre 1992.
« Je fume encore un peu de shit ! », 21-22 février 1993.
Manger-vomir, 25-26 avril 1993.
Sortir des études, 4-5 juillet 1993.
Idées de suicide, 13-14 février 1994.
Du manque de ressources à la toxicomanie,
    11-12 septembre 1994.
« Je ne veux plus vivre ! », 18-19 décembre 1994.
Drogue : le sacrifice inutile, 12-13 février 1995.

L'ennui me gagne...

Hervé, vingt-quatre ans, après des études de droit et une formation complémentaire en informatique, travaille professionnellement depuis quelques mois. Il vit et s'entend relativement bien avec ses parents et ne ressent pas la nécessité d'aller habiter ailleurs, encore moins de changer son mode de vie toujours estudiantin. Il ne manque pas d'ami(e)s ni d'activités qui occupent la plupart de ses *week-ends*.

Il accomplit effectivement ce qu'il doit faire sans grande conviction et reconnaît qu'il est à sa place et adhère à la plupart de ses choix sans avoir à les remettre en question. Mais, depuis quelques mois, il éprouve un malaise en lui-même qu'il a du mal à qualifier.

« L'ennui me gagne », répète souvent Hervé tout en se protégeant des suggestions de ses parents qui lui conseillent de se faire aider. Avant de consulter, il a souvent hésité, pensant que c'était une faiblesse de parler de sa situation à un spécialiste. Il a réalisé après coup que c'était le contraire : ce sont les plus courageux qui font cette démarche et ceux qui cherchent à être authentiques avec eux-mêmes.

L'expérience de ce dialogue ainsi commencé au cœur de sa personnalité, il en convient à présent, montre, une fois de plus, que seule « la vérité rend libre » et plus vigoureux.

Si Hervé parle de ce qu'il vit et ressent, il ne sait pas pourquoi un malaise persistant le gêne intérieurement. La cause n'est ni dans sa famille ni dans son travail et encore moins dans ses relations.

« Je croyais que c'était la faute de mes parents, de mon éducation et maintenant je pense que c'est moi qui ne sais pas comment me développer. J'ai l'impression de faire une autre crise d'adolescence comme à seize ans, d'un genre différent : je ne sais pas comment me motiver. »

Après le charivari physique et psychologique de la puberté dont la période aiguë se situe entre quatorze et seize ans, l'adolescence sera le moment propice d'une nouvelle réorganisation de la personnalité. Elle peut être moins déstabilisante que la puberté, mais la postadolescence surtout entre vingt-quatre-vingt-huit ans est actuellement souvent difficile, les délais de maturation affective sont plus longs et l'environnement éclaté dans lequel nous sommes (idéaux confus, repères sociaux dévalorisés, instabilité des liens, immaturité ambiante) ne favorise pas toujours la construction interne des individus.

L'enjeu de la postadolescence est multiple : la sexualité infantile doit pouvoir achever son remaniement en accédant à d'autres modes de gratification qui ne soient pas uniquement imaginaires et narcissiques.

L'identification positive aux images parentales a besoin de s'accomplir pour intégrer sa masculinité ou sa féminité. La mise en place du *self* (être soi) va donner un sentiment d'unité à la personnalité et d'efficacité relationnelle.

C'est le moment où l'individu acquiert la capacité d'inscrire sa personnalité dans la durée en vivant un sentiment de continuité en trouvant les moyens psychologiques de se mettre en œuvre dans la réalité.

La plupart des postadolescents butent sur les réalités auxquelles ils ont à faire face. Parfois, ils donnent

l'impression de se déprimer en laissant traîner les choses, en ne les faisant qu'à moitié, en se plaignant de ne
pas avoir envie ou de ne pas voir l'intérêt de s'en
occuper.

Certains d'entre eux manifestent dans leur comportement une impuissance à agir sur la vie quotidienne, et
la moindre nécessité demande de leur part un effort qui
les décourage. Pire, ils peuvent même avoir l'impression
de perdre leur temps alors qu'il n'est même pas utilisé
pour d'autres activités.

Mylène Farmer chante : *Nous sommes une génération
désenchantée*. Cette affirmation a sans doute une part
de vérité dans la mesure où des idéologies, des systèmes
politiques et des promesses illusoires ont trompé des peuples et des générations. Mais d'un point de vue psychologique, l'individu au décours de l'adolescence vivra
toujours une période de désenchantement : celle du passage d'une vision magique de l'existence à une conception plus réaliste.

Ce passage où les réalités apparaissent davantage pour
elles-mêmes exige un travail sur soi, mais aussi la découverte d'une conception de l'existence qui aille au-delà de
l'individu. Comment y parvenir sans avoir le goût de la
recherche de la vérité ?

De l'avortement raté
au suicide

Guillaume, vingt-trois ans, vient de faire une troisième tentative de suicide. Il ne sait pas s'il veut mourir ou exprimer une souffrance psychologique et mettre ainsi un terme à un état de tension interne qui l'empêche de vivre. Il voudrait parler de ses sensations de tristesse et d'agressivité mais, faute d'en trouver les mots, il multiplie les actions en tout genre comme pour masquer son impuissance à résoudre son problème personnel.

« Mes parents, dit-il, sont d'anciens soixante-huitards. Ils se sont toujours drogués et sont séparés depuis cinq ans. Quand j'avais dix-huit ans, mon père m'a avoué : "Si tu es là, c'est parce que je n'avais pas assez d'argent pour payer ton avortement." "Heureusement que tu n'avais pas d'argent!", lui ai-je répondu. Je croyais que cette révélation n'avait aucune importance pour moi. Je considère mes parents comme des paumés dans la vie et j'ai su très tôt que je ne pouvais pas compter sur eux. Mais je me suis terriblement accroché à ma mère, c'est sans doute cette dépendance qui m'a fragilisé. Bref ces paroles de mon père ont continué à résonner dans ma tête... J'aurais pu ne pas naître, être tué. Je me sens de plus en plus comme un condamné en sursis de vie!

« Je ne parviens pas à me fixer dans un travail, dans une relation. J'ai vécu deux expériences sentimentales, l'une pendant deux ans avec une femme de trente-cinq ans : j'ai rompu, cette relation ressemblait trop à celle d'un petit garçon avec sa maman. L'autre a duré six mois puis j'ai été largué pour un autre. Maintenant, j'ai envie de rester seul et de ne m'occuper que de moi en travaillant mon intériorité. Je n'ai pas d'autres choix : ou bien j'accepte de perdre ma vie et la destruction de mon être débarrassera la société de ma présence inutile, ou bien je trouve de l'intérêt dans ma personnalité à exister et alors tous les espoirs me seront permis. »

Guillaume situe ainsi l'alternative de vie ou de mort dans laquelle il se trouve à l'image de ce qu'il a vécu à travers sa relation parentale. Il ne savait pas à quoi correspondait son malaise avant que son père ne lui divulgue les conditions de sa naissance marquée sous le signe de la mort. Mais comment un enfant peut-il s'estimer et aimer la vie lorsque ses parents n'éprouvaient pas ces sentiments pour lui quand il est né et que la situation est restée inchangée tout en vivant avec lui ?

L'enfant ne peut se développer et trouver de la sécurité en lui-même que dans la mesure où il est porté par le désir de vie de ses parents : sinon il devra faire appel à ses propres ressources au risque de s'épuiser dans une épreuve de survie en solitaire.

J'ai déjà eu l'occasion de le dire, des enfants et des adolescents s'interrogent souvent pour savoir s'ils ont été voulus pour eux-mêmes ou s'ils sont des accidents de l'histoire sexuelle de leurs parents. « Ma mère prenait-elle la pilule pour éviter ma naissance ? », « Mes parents ont-ils voulu m'avorter ? » Il plane ainsi dans notre société une idée de mort sur la conception des enfants qui sont d'autant plus survalorisés et adulés que les adultes ont à se faire pardonner un sentiment de culpabilité à leur égard. L'augmentation du nombre de suicides des adolescents, même quand ceux-ci ont été voulus et acceptés par leurs parents, est induite, parmi d'autres causes, par ce climat social de négation, de sélection et d'eugénisme qui pèse sur les représentations sociales. Dans la sexualité procréative des adultes l'enfant se perçoit comme un risque, un gêneur, quelqu'un qui ne doit pas arriver.

Guillaume commence à faire le lien entre ses tentatives de suicide et son avortement raté : il est à l'âge des choix et des engagements de vie qui représentent aussi une forme de naissance. Il a fait sien le désir de mort de ses parents en voulant se suicider au moment où il doit se préparer à accéder comme adulte à la vie en société, mais avec le sentiment que personne n'a besoin de lui. D'ailleurs, il inverse maintenant son attitude agressive contre la société qui « élimine facilement les gens dont elle n'a que faire », et contre les autres qui ne peuvent l'aider « parce qu'ils recherchent seulement leur intérêt ». En pensant de cette façon, il conforte le rejet dont il a été l'objet en rejetant à son tour au lieu de s'interroger sur son comportement agressif.

Si l'immaturité, les carences et les faiblesses de ses parents expliquent pour une part ses difficultés personnelles, elles ne doivent pas lui servir d'alibis ou d'excuses pour devenir un asocial et se maintenir dans une affectivité infantile. Mais s'il est heureusement vivant, il est quelqu'un qui peut devenir le sujet de sa vie et trouver sa place dans l'existence : c'est pourquoi il a encore du chemin à faire pour travailler sur lui-même en psychothérapie.

La déprime : « J'ai envie, mais je ne peux pas ! »

Francis, dix-neuf ans, termine sa première année d'université avec des résultats qui vont le contraindre à redoubler. Son coefficient intellectuel le situe dans la bonne moyenne et, si l'on tient compte uniquement de ce facteur, il est apte à poursuivre sa formation. Malgré ce capital, il n'a pas réussi à obtenir des résultats proportionnés à celui-ci.

Il résume son état autour de trois observations. La première évoque ses difficultés à se concentrer : il ne parvient pas à rassembler son attention sur un objet conceptuel de façon continuelle ; au bout de quelques instants, il est pris dans des rêveries ou des pauses dans lesquelles il reste figé en ne pensant rien. Il a le sentiment de perdre tous ses moyens dans ce temps vécu en morceaux qui le disperse et le décourage. L'appeler au travail et à la volonté ne sert pas à grand-chose si ce n'est lui dire ce qu'il sait déjà. Il répète souvent : « J'ai envie de travailler, mais je ne peux pas ! »

La seconde plainte exprime son manque de motivation et d'intérêt pour lui-même et pour ce qu'il fait, sans pour autant vouloir changer d'orientation et d'université. Il lui manque le dynamisme nécessaire et surtout des raisons afin de parvenir à travailler par lui-même ; tout l'ennuie et le laisse indifférent. Il parle peu à son entourage car il trouve de la force dans son mutisme, de peur de laisser apparaître des sentiments qui révéleraient sa fragilité intérieure. Il est souvent envahi par de la morosité, mais cette tristesse n'est pas en rapport avec des événements ou des situations réelles.

Irritable, il se met facilement en colère et le regrette ensuite, sans le dire, tout en boudant contre lui et les autres. Il se replie sur lui-même avec le sentiment d'être incompris de son entourage : impuissant et relativement crispé pour ne pas pleurer, il ne sait plus comment être, surtout quand il se surprend à imaginer des idées de suicide.

Francis n'est pas dupe de son troisième type de symptôme quand il décrit diverses douleurs physiques qui se déplacent sur son corps, et sont le signe de sa souffrance psychologique. Il se dit fatigué et a besoin de dormir, mais ne trouve pas le sommeil le soir en se couchant. Son errance interne, qui ne parvient pas à se fixer sur des centres d'intérêt, et l'ennui qui l'empêche de s'intéresser aux activités de sa vie provoquent une fatigue du fait de l'état de tension dans lequel il se trouve, car l'ennui fatigue toujours plus que le travail. Dans cette situation, il ne dispose pas de toutes ses fonctions pour penser et agir à partir de lui. Il est « bloqué » et cette inhibition le retient en deçà de ses aptitudes.

Le climat dépressif dans lequel il est ne date pas d'aujourd'hui : il s'est progressivement développé depuis l'âge de seize ans et devient maintenant plus cognitif avec des sentiments de désespoir. Francis se demande ce qu'il va devenir et pour calmer son angoisse il a parfois recours à l'alcool et à la drogue. Fort heureusement, il n'est pas encore dépendant mais l'utilisation de produits adjuvants montre qu'il ne parvient pas à trouver en lui et dans le monde extérieur les ressources pour dénouer ses problèmes de personnalité.

Il se dégage de ces observations un sentiment d'impuissance fréquent à l'adolescence, quand l'enfant doit traiter une fois de plus son complexe de castration, c'est-à-dire mettre en œuvre toutes ses possibilités en se dégageant d'une soumission imaginaire à plus fort que lui. S'il n'y parvient pas, il risque de douter de sa valeur personnelle et ne pas avoir confiance en lui pour obtenir l'objet de ses désirs.

L'ennui existentiel de l'adolescent l'enferme dans l'idée qu'il ne peut pas et qu'il n'a pas le droit de désirer, il finit par développer une peur de lui-même en adoptant, comme Francis, des conduites de repli ou bien des conduites de défi en agressant ses parents, en refusant la scolarité, en s'adonnant à une vie ludique avec les copains, en consommant de la drogue et en ayant des pratiques sexuelles réactionnelles.

Il ne faut pas sous-estimer la dépression de l'adolescent, surtout quand il manifeste la difficulté d'investir les réalités avec lesquelles il doit composer son existence. L'adolescence est un âge de grande vulnérabilité, ce que la société actuelle à tendance à oublier voire à accentuer lorsque l'on veut mettre les jeunes à égalité avec les adultes : elle reste une période de formation qui a encore besoin de relations éducatives, d'attentions et de soins les plus divers.

Boulimie et refus de grandir

Axel, seize ans, désespère sa mère qui voit les provisions alimentaires disparaître trop rapidement, désorganisant par son comportement l'intendance familiale. À toute heure du jour, voire de la nuit, elle n'arrête pas de manger, tout et n'importe quoi ! C'est plus fort qu'elle, elle a faim et ne parvient pas à être rassasiée. Elle est, par ailleurs, en bonne santé et si sa mère s'étonne de la voir grossir c'est qu'elle consomme trop, bien au-delà de ce dont son organisme a besoin. Dans ces conditions, sa situation relève plus d'une difficulté psychologique que d'un problème nutritionnel.

Axel a du mal à reconnaître que son attitude soulève de multiples interrogations. Elle est tellement engagée dans sa quête de nourriture qu'il lui est impossible de prendre du recul, de réfléchir à sa façon de vivre si de l'extérieur on ne lui parle pas à ce sujet. Sa mère hésite à intervenir pour limiter ses incursions dans la cuisine : il lui semble insupportable de priver sa fille de nourriture. Elle hésite à lui fixer des limites par crainte d'être jugée comme « mesquine » ou « de trop la brimer » et, pourtant, elle voudrait bien lui dire qu'elle perturbe ses prévisions et l'organisation domestique de la famille. Au lieu de cela, elle se ronge de l'intérieur et s'angoisse avec ses non-dits et demeure dans une position ambivalente vis-à-vis de sa fille.

Or il est nécessaire, dans le cas d'Axel, qu'elle rencontre des limites pour lui permettre de mieux se situer. En effet, sa conduite est l'expression d'une dépression masquée qui met en jeu la relation avec sa mère. L'adolescent rejoue, au moment de la puberté, les premières relations maternelles qui ont commencé à travers la nourriture. Cette dernière est à la fois symbolique d'une relation de soutien et du besoin de faire vivre son « corps ». Certes, Axel n'est plus un bébé mais, pour se rassurer dans sa nouvelle période de vie, elle utilise des réflexes psychologiques déjà connus dans son passé pour essayer de faire face à ses craintes présentes : angoisse de la solitude, mauvaise image de son corps.

Elle reconnaît, lors des consultations, qu'elle a du mal à se séparer de sa mère, même si parfois elle est exigeante et agressive à son égard. Sa « méchanceté » est l'expression d'une grande dépendance vis-à-vis de sa mère nourricière au moment où elle doit commencer à apprendre à se reposer sur elle-même ; un travail psychologique pour devenir plus autonome qui lui semble pénible, ce qui ne signifie pas qu'elle doit prendre son indépendance à l'égard de ses parents. Il ne faut pas confondre l'acquisition progressive d'une autonomie psychique et l'indépendance matérielle. Elle s'accroche à la nourriture comme un nourrisson qui a peur de perdre sa source d'être en la personne de sa mère. Cette conduite de dépendance, de toxicomane, la maintient dans une position de recherche d'assurance qu'elle ne parvient pas à trouver en elle-même. Sa boulimie est donc une compensation affective, d'un manque à se vivre seule avec elle-même. Axel le comble avec de la nourriture mais d'autres pourront le faire avec le tabac, l'alcool, la drogue ou des liaisons sentimentales : c'est toujours la peur d'être avec soi-même qui est en question. Et, pourtant, ce passage à la solitude de l'autonomie est indispensable pour exister. D'où l'utilité d'en parler et de développer des activités et des relations avec les autres qui favorisent la reconnaissance de soi et la valorisation de ce qu'un individu est capable de faire.

Le recours excessif à la nourriture est aussi le symptôme d'une image négative de son corps qui se transforme dans l'inquiétude, car Axel ne comprend pas ce qui lui arrive même si, intellectuellement, elle sait qu'elle est à l'âge des changements physiques. Mais ce corps, elle ne l'aime pas, elle ne le supporte pas et regrette son corps d'enfant. Elle ne sait plus se repérer par rapport à des formes et des émotions qu'elle ne contrôle pas et qui lui font redouter toute expression affective. Elle se replie et se « cale » avec des aliments comme pour faire taire le développement d'une image d'elle-même qui la déroute. Dans cette attitude mineure du refus corporel, il peut être utile de parler avec elle en s'aidant d'un livre, de photos ou de dessins ou de l'inciter à pratiquer la danse dans un club pour lui permettre d'intégrer son corps qui se féminise afin qu'elle renonce à sa situation de petite fille.

C'est en prenant appui sur elle-même qu'Axel pourra accepter de se séparer de sa mère nourricière et s'identifier à sa mère-femme pour accepter sa féminité et non pas rester dans l'ambiguïté de l'enfant qui ne veut pas grandir, au risque d'être plus tard une femme-enfant.

« Je fume encore un peu de shit ! »

Benoît, dix-sept ans, a pris l'initiative de venir consulter car il voulait rencontrer un spécialiste « pour parler ». Il sent qu'il a beaucoup de choses à dire mais ne sait pas quoi ni comment le dire. Se présentant rougissant et physiquement embarrassé il espère trouver avec son interlocuteur les mots qui lui manquent car il est décidé à faire ce qu'il faut pour se révéler davantage à lui-même.

Il ne sait jamais au début de chaque séance ce dont il va parler mais c'est plus à l'aise qu'il repart, surtout quand il réussit à exprimer à travers sa parole ce qu'il ressent à l'intérieur de sa vie psychique.

« Jusqu'à présent j'avais peur de moi, je préférais ne pas penser ni me poser des questions sur mes comportements. Pourquoi me serais-je interrogé puisque je vivais comme les autres? À présent j'étouffe, j'ai du mal à m'endormir le soir, à me concentrer sur mon travail et je ne supporte plus d'être simplement présent au milieu de mes copains en leur ressemblant. J'ai envie de savoir qui je suis. »

Pour quelqu'un qui doutait pouvoir parler de lui, il se débrouille bien, même s'il faut (comme c'est souvent le cas avec les adolescents) l'aider afin qu'il trouve les voies de sa parole grâce à laquelle il peut progresser dans la conscience de ce qu'il vit et qui n'est pas le fruit du hasard.

« La sexualité ne me pose pas de problème. J'ai vécu une expérience sentimentale qui s'est soldée par une séparation ; à présent je préfère attendre et vivre autre chose avec les jeunes de mon âge. »

Mais un autre sujet le trouble visiblement ; il ne sait comment en parler. La façon dont il rougit et change sans cesse de posture montre combien il est inquiet et culpabilisé quand il finit par « lâcher » : « Je fume de temps en temps (du shit). Mes parents le savent et bien sûr ils ne sont pas d'accord, je voudrais arrêter. J'ai commencé à réduire ma consommation. Je sais bien que "fumer" limite la qualité de mes réflexes et de ma concentration. Lorsque je fume, j'ai du mal à être présent pendant les cours. Beaucoup de garçons et de filles fument comme moi, entre midi et 2 heures, ensuite on se traîne. Je me sens triste après avoir espéré être bien dans ma tête. Depuis que j'ai commencé à vous rencontrer, j'en ai moins besoin et je dois essayer de rompre avec cette habitude. »

Nous rencontrons de plus en plus de jeunes qui sont comme Benoît confrontés à une culpabilité qu'ils n'arrivent pas à négocier. Dans notre société, qui prétend abusivement que la culpabilité n'existe pas dans la sexualité, l'interdit s'est curieusement déplacé de la sexualité sur la toxicomanie, cette dernière étant devenue le seul lieu pour les jeunes où ils puissent traiter la culpabilité psychique, inhérente à la sexualité.

Faute de reconnaître et de travailler cette culpabilité sur son véritable terrain, elle se retourne contre les individus et contre la société sous la forme de violences qui consistent surtout à s'agresser et à se détruire.

Le monde des adultes se présente aussi de façon trop floue aux enfants et aux adolescents. « J'aurais voulu que mon père me donne des limites, dit Benoît, qu'il sache m'aider à trouver des solutions. Quand il me parlait, ce qu'il me disait n'était jamais clair ni précis. Je sais à présent que ce serait trop tard, je ne le supporterais plus ! »

Les enfants doivent trop précocement s'appuyer sur eux-mêmes parce que les adultes, sous prétexte d'une autonomie illusoire, les laissent se débrouiller seuls. Devenus adolescents, ils manquent de ressources intérieures et la drogue devient le faux moyen pour occuper des vides en eux. Jusqu'au jour cependant où l'adolescent, pour apprendre à exister, demande que l'on communique avec lui.

Manger-vomir

Anne, dix-neuf ans, entretient depuis le début de son adolescence une étrange relation avec la nourriture. Elle éprouve un besoin irrésistible de manger et d'engloutir à toute heure de la journée des aliments et, une fois rassasiée, de se faire vomir. Sa seule angoisse se résume, ou plutôt se cache, à travers sa crainte de trop grossir.

Sa conduite boulimique ne lui procure aucun plaisir ; elle en souffre tout en se sentant dépendante et très inquiète de sa perte de contrôle quand elle alterne entre la boulimie et l'anorexie. La privation est aussi forte que la recherche éperdue de nourriture.

Cette lutte avec elle-même est épuisante et la fait souffrir, elle a du mal à s'accepter et projette sur les autres ce refus, en exprimant son mal-être autour de trois plaintes.

La première est liée à une mauvaise image de soi. Tout allait bien jusqu'en classe de seconde : le travail scolaire, la vie familiale et ses relations sociales, mais à la suite de plusieurs contrariétés son état s'est dégradé. Elle a commencé à développer un sentiment d'infériorité vis-à-vis des autres en se protégeant et en refusant de s'exprimer par peur d'être dévalorisée. Anne est souvent surprise et étonnée que les autres puissent s'intéresser à elle…, sans doute parce que, à ses propres yeux, elle ne s'estime pas.

Elle réussit depuis quelques mois à parler de son corps qu'elle a du mal à intégrer. Elle est ambivalente face à ce corps sexué et aurait préféré conserver celui de son enfance. Jusqu'à seize ans, elle pensait qu'elle pouvait aussi bien devenir un garçon qu'une fille, mais, dès cet âge, elle a dû se rendre à l'évidence de son sexe réel sans avoir pu accepter ses formes corporelles qui, selon ses dires, « en faisaient quelqu'un de moche! ». Elle reste préoccupée dans sa boulimie et son anorexie par « la maigreur » amplifiée par la mode actuelle du profil svelte qui est d'ailleurs plus celui de l'adolescent que de l'adulte. On retrouve son ancrage dans l'indétermination de l'enfance dans le décor de sa chambre puisque son lit est encore entouré d'animaux en peluche...

Enfin, Anne évoque souvent son « vide intérieur » quand on l'invite à réfléchir : « Je ne pense à rien, pas d'images ni de scénarios... Si vous ne me dites rien, je ne parlerai pas! » Une fois de plus, elle se situe passivement pour recevoir une parole qui la nourrisse sans chercher à s'exprimer sur ce qu'elle vit. Tout en se plaignant de ce vide, elle le fabrique en utilisant une défense ascétique à travers l'anorexie comme pour faire taire tout désir. La boulimie est une façon d'étouffer ses désirs alors que l'anorexie en est une autre pour les nier.

Cette double conduite (plus fréquente chez les filles que chez les garçons) est le symptôme d'une adolescente qui a du mal à devenir autonome, c'est-à-dire à prendre appui sur elle-même pour vivre. Elle apparaît au moment où l'individu se différencie davantage de ses parents et en particulier du lien primitif à sa mère pour engager une relation d'identification à sa féminité.

C'est justement cette identification qui est parfois refusée par la fille, ce qui la rend très ambivalente à l'égard de sa mère : elle lui est très et trop attachée et, en même temps, elle l'agresse violemment en la rejetant. La mère vit cette relation dans l'angoisse en culpabilisant ses attitudes allant jusqu'à s'interroger sur des erreurs éducatives qui, si elles peuvent exister, ne sont pas systématiquement la cause de ce trouble psychique.

Dans ce contexte, on comprend mieux l'attitude d'Anne qui recherche une certaine proximité avec son père en partageant avec lui des confidences, comme pour essayer de se situer en femme à la place d'une autre qu'elle voudrait bien rendre inexistante. À lui de ne pas être complice de cette exclusion et de rester vraiment sur le registre d'une relation parentale qui permette à sa fille de s'acheminer vers plus d'autonomie.

L'association anorexie/boulimie est une maladie de la dépendance que l'adolescente veut combattre par la dépendance : il s'agit d'une sorte de toxicomanie sans drogue. Il ne sert à rien d'inciter à une abstinence totale, mais de briser la chaîne « manger-vomir » comme nous le faisons dans certains contrats thérapeutiques pour éviter les pertes de poids. Il est indispensable de réfléchir aussi sur le rôle psychologique dévolu à la nourriture afin de sortir progressivement d'une vision infantile de la minceur et d'évoquer la nécessaire indépendance vis-à-vis de ses parents pour savoir s'affirmer par soi-même.

Le traitement de ce problème est souvent long et demande beaucoup de patience chaleureuse, de rigueur et de distance. Il reste, la plupart du temps, éprouvant pour les familles qui peuvent être aidées psychologiquement... Il n'est pas sans solutions.

Sortir des études

Franck, vingt-quatre ans, termine prochainement ses études dans une grande école. Il a obtenu jusqu'à présent de bons résultats aussi bien pour ses examens qu'au cours de ses stages pratiques. D'ailleurs on vient de lui proposer un poste avec des perspectives intéressantes à l'issue d'un stage dans une entreprise. Par les temps qui courent c'est plutôt une aubaine. Cependant Franck panique à l'idée d'entrer dans le monde du travail malgré l'assurance de son insertion professionnelle.

Il a imaginé qu'il pourrait attendre encore un peu pour parfaire sa formation tout en poursuivant des études. Il a l'impression de ne pas être prêt et de ne pas avoir les moyens d'assumer les responsabilités qui seront les siennes.

Sa famille et ses amis ne comprennent pas son attitude et bien qu'il appartienne à une classe « moyenne », ils lui reprochent d'avoir des réactions de « riche » ! Il est fréquent de rencontrer des personnes qui ne supportent pas ceux qui vivent des difficultés psychologiques alors que leurs conditions d'existence semblent favorables. Il est souhaitable de ne pas confondre mauvaise volonté avec inhibition. L'angoisse comme la sérénité ne se décrètent pas, elles sont le reflet de la vie intérieure de chacun à moins que des événements objectifs les provoquent. Dans ce cas, l'anxiété disparaît seulement lorsque la situation qui en est à l'origine ne produit plus d'effets.

Mais, lorsque le terrain est favorable, l'angoisse peut servir de mobile pour cultiver une insécurité sous-jacente et se protéger sur divers objets. Ainsi, les craintes de Franck sont l'expression de son manque d'assurance qui se révèle au fur et à mesure qu'il se trouve confronté à des réalités. Ces craintes sont plus fortes que lui et il ne réussit pas, pour l'instant, à prendre de la distance, à réfléchir ses peurs, et à savoir pourquoi il se paralyse de cette façon.

Franck doute de ses capacités et multiplie les exemples pour se convaincre davantage de ses manques et de ses limites. Il fait l'impasse sur l'expérience qui mettra progressivement en œuvre et en valeur les compétences acquises lors de sa formation initiale. Pourtant, il faut bien à un moment ou à un autre commencer dans la vie et ne pas attendre d'être parvenu à un achèvement illusoire pour agir sur les réalités. Bref, ses doutes expriment de façon lancinante un sentiment d'infériorité qui n'ose pas se dire. Il se dévalorise facilement et perd ses moyens en regard d'exigences trop élevées et idéalisées, se réfugiant dans un pseudo-Idéal du Moi qui ne prend pas en compte les réalités. Il en reste à une vision très surestimée de lui-même, veut être certain d'être performant, de réussir, de ne pas rencontrer de difficultés et encore moins d'échecs. Cet univers évidemment n'existe pas malgré le mythe actuel, très abusif, de l'homme qui réussit tout grâce aux vertus de son épanouissement. La vie psychique repose nécessairement sur la fonction de projets et d'évaluation que représente la structure de l'Idéal du Moi pour établir une relation entre soi et les réalités. Elle peut être limitée par la recherche d'une image de soi figée et trop parfaite. L'individu hésite à faire des choix, pense qu'il a le temps, ou bien propose des réformes grandioses qui débouchent rarement dans les faits...

À force de se mirer dans un soi-disant Idéal du Moi, sans jamais être satisfait de son image de jeune adulte, le risque est grand de vivre en marge de soi-même.

Lorsque l'Idéal du Moi est authentique, il joue davantage un rôle dynamisant dans le développement personnel et dans les capacités à entreprendre : il n'impose pas à l'individu des contraintes de perfections aliénantes, mais il stimule à prendre en compte les réalités dans un projet d'avenir. Au moment d'entrer dans la vie active, la personnalité retrouve ses identifications parentales qui peuvent la maintenir dans la soumission, la révolte ou l'ouvrir au sens des initiatives.

La fin des études suscite des remaniements psychologiques et sociaux déterminants auxquels des jeunes adultes peuvent résister. La crainte de l'autonomie, côtoie également chez certains la difficulté d'assumer un statut professionnel. Cette attitude s'observe souvent chez ceux qui ont du mal à s'engager pour et par eux-mêmes dans une activité professionnelle. Ils ont tellement suivi leurs études avec l'idée inconsciente de réussir pour leurs parents, qu'ils sont devenus incapables de désirer qu'elles servent à leur bien. C'est ainsi que l'on peut assister à des périodes dépressives au terme du cycle secondaire chez des lycéens, après le bac, ou chez des étudiants, après l'obtention d'un diplôme. On le constate surtout chez des jeunes qui n'ont pas vécu les interrogations de l'adolescence. Le besoin de prolonger ses études et de ne pas en sortir, n'est-ce pas une façon, parfois, de ne pas quitter l'enfance alors qu'il est temps de se prendre en charge ?

Idées de suicide

Yann, dix-sept ans, a été envahi par des idées de suicide après que l'un de ses professeurs lui eut rendu un devoir faiblement noté en le commentant, devant les autres élèves, avec ironie. « J'avais l'impression de m'écrouler et que plus rien n'avait d'importance.

« En rentrant chez moi, je voulais me jeter sous les roues du bus car j'avais peur de présenter mes notes à mes parents. Je réussirai peut-être un jour à le faire. En tout cas, cette idée me poursuit. Mon père me répète que je suis un bon à rien et que j'irai grossir les rangs des chômeurs. Je suis cerné de partout et ce climat à la maison me rend nerveux. J'ai des spasmes, des crampes d'estomac et des maux intestinaux.

« Ma mère est enseignante dans mon lycée. Elle est tout le temps sur mon dos et me rapporte tous les soirs les observations de mes profs : "Je n'écoute pas assez, je ne suis pas actif dans certains cours." Je n'y comprends plus rien car mes professeurs cherchent souvent à me rassurer (j'ai 10 en maths et 12 en physique) et me disent que je stresse de trop. Heureusement, le samedi, je retrouve mon équipe sportive et je pars certains dimanches pour des compétitions, cela me permet de décompresser.

« Je voudrais que mes parents me laissent plus d'initiative et de liberté dans mes études. Aux dernières vacances j'ai fait un plan de travail et au bout de trois jours j'ai décidé de prendre un après-midi de détente. Mon père n'était pas d'accord et ensuite il n'a pas arrêté de me surveiller, me reprochant de manquer du sens de l'effort. J'en ai marre. Il me fait douter de moi.

« Au début de l'année je suis rentré avec une très mauvaise note en maths mais je n'étais pas le seul de la classe, on s'est tous plantés ! Durant la soirée je me suis entendu reprocher ce 2 sur 20. Ma mère en a pleuré toute la nuit et mon père à côté d'elle n'a pas arrêté de soupirer et ensuite, pendant une semaine, il m'a fait la tête. Je ne supporte plus cette ambiance.

« Je sais que j'ai des torts. Il m'est arrivé de ne pas toujours suffisamment travailler. Mais je voudrais que mes parents comprennent que j'ai changé. Ils me regardent encore avec une idée de moi qui ne me correspond plus. Si, pour eux, je suis un minable qui ne sera pas capable de réussir, alors je n'ai plus d'avenir et je ne vois pas ce qui pourra me retenir pour ne pas passer sous les roues du bus. Quand tout cela m'attriste, parfois, j'ai du mal à me retenir ! »

Une rencontre avec ses parents et avec lui-même a permis, lors de quelques consultations, de faire le point ensemble. Yann a connu, il y a quelques mois, une période de relâchement dans son travail scolaire alors qu'il a de bonnes possibilités.

Ses parents se sont donc inquiétés avec raison. Mais, très vite, ils ont été dépassés par leur anxiété et la peur de voir leur fils échouer. Le père est ingénieur en génie civil et il ne supporte pas que son fils échoue là où il a réussi. « Les enfants de mes amis aboutissent correctement dans leurs études. De quoi aurai-je l'air si tu n'as pas ton bac ? » Sa mère est professeur de français et la scolarité de son fils l'atteint aussi dans son image professionnelle par rapport à ses collègues. Elle a le sentiment d'être évaluée par ses pairs à travers les notes de son fils. Chacun a pu ainsi exprimer ses craintes et ses émotions pour mieux comprendre l'anxiété scolaire qui traverse cette famille et dont les membres manifestent un doute vis-à-vis d'eux-mêmes.

Devant un tel enfermement et une telle pression, qui n'étaient pas signifiés jusqu'à présent, Yann se sentait écrasé. Il s'est repris et a recommencé à travailler alors que ses parents continuaient à lui rappeler ce qu'il devait faire et utilisaient des images infériorisantes dans l'espoir de le stimuler. L'humiliation produit souvent l'inverse du but recherché : il finissait par perdre confiance.

Yann a admis le souci éducatif de ses parents et ses derniers ont compris qu'à travers leur vigilance ils rajoutaient des préoccupations qui concernent plus leur histoire et leur vie psychique que l'attitude de leur fils.

Quand un adolescent ne parvient pas à se valoriser à travers ce qu'il fait et en particulier à travers sa vie scolaire et l'image que lui renvoient ses parents, il risque de vivre un accès mélancolique et suicidaire puisqu'il ne sait pas comment exister en ayant de la valeur pour autrui.

Du manque de ressources
à la toxicomanie

De nombreux lycéens et étudiants reconnaissent consommer de temps en temps des produits illicites pour se stimuler, calmer une angoisse ou participer à la bonne ambiance d'une soirée. Ils sont convaincus de la banalité de leur geste et le pensent inoffensif, c'est-à-dire sans conséquences, notamment en fumant du haschisch. Certains vivent dans l'espoir qu'il sera prochainement légalisé.

La confusion du discours social au sujet de la psychologie juvénile (réduite à l'âge des transgressions) et de la toxicomanie (est-ce un délit, une maladie, une nécessité liée à la chimie du plaisir?) les conforte dans leur position, là où des médecins, des éducateurs et des parents ne savent plus comment penser et agir vis-à-vis de la toxicomanie.

Plusieurs attitudes ont été adoptées. La répression puisque l'usage de stupéfiants nuit à l'individu et à la société. Des traitements ont aussi été engagés pour soigner la dépendance pathologique aux divers produits. Le contrôle policier existe également en direction des revendeurs. La vente ou la distribution libre des substances a été essayée dans certains pays. On en mesure les effets catastrophiques dans les pays nordiques, en Espagne et à Zurich. Des seringues stériles sont en vente libre depuis 1987 pour éviter la diffusion des virus du sida et des hépatites B et C. Enfin la nouvelle technique est actuellement soit aux produits de substitution, comme la méthadone (qui installe dans une autre dépendance sous contrôle médical et qui transforme, malgré tout, le médecin en « *dealer* en blouse blanche »), soit au kit *Stéribox* dans lequel se trouve une notice pour ceux qui souhaitent décrocher, deux seringues et un préservatif. Faute de mieux, on fait dans le toxico-correct.

La drogue est un symptôme, à traiter, de la difficulté à occuper son intériorité et à se mettre en œuvre dans la vie. Elle est l'expression d'une forme de dépression, c'est-à-dire la perte de ses moyens et l'espoir illusoire de se récupérer à travers un produit dont le pouvoir serait d'être stimulant. Dans la société actuelle, l'individu, dès le plus jeune âge, se retrouve seul avec lui-même et sans ressources intérieures faute de transmissions. Nous allons chercher les ressources à la pharmacie ! Des jeunes consomment plus des produits pour exister que pour fuir le quotidien. Ils se droguent pour être plus présents et plus efficaces dans leur vie quotidienne.

Leurs états d'âme et leurs problèmes existentiels sont devenus insupportables car ils ne savent pas les traiter : il leur manque un mode d'emploi pour vivre. Des adultes en sont au même point, sans repères éducatifs, moraux, sociaux et religieux. Comment peuvent-ils les aider si ce n'est en adoptant des conduites instrumentales sans vouloir se poser des questions de sens.

Cette perspective pragmatique, complice et sentimentale, s'installe à travers le traitement social de la toxicomanie. Elle aboutira à des impasses. Certains arguments sont déjà inopérants. La distinction entre drogue douce et drogue dure n'est pas pertinente puisque l'attitude psychologique de dépendance vis-à-vis du produit est la même. Pourquoi banaliser le haschisch quand on sait qu'il entraîne une diminution de la vigilance et de la concentration à l'origine de certains accidents de la route.

La drogue révèle un déficit des échanges internes à la vie psychique. Les pulsions sont niées dans la volonté de baisser leur pression pour ne plus rien sentir et trouver le nirvana. La drogue a surtout pour objet de les faire taire plutôt que d'obtenir du plaisir. L'éducation contemporaine a trop fait l'impasse sur l'éducation de l'intériorité et sur le sens du désir. Comment apprendre à désirer et à se construire sans faire l'expérience du manque ?

Les adultes restent ambivalents et inhibés pour intervenir et laissent les jeunes se débrouiller avec le policier et le juge. Si ces derniers jouent à l'éducateur ou à l'assistant social, les adolescents ne sauront plus ce qu'est une loi sociale et morale.

Au moment de l'adolescence, c'est le rapport à la loi qui est structurant et non pas la transgression comme l'affirment certains. Dire que « la transgression de l'interdit est structurante » pour créer des zones de déviances tolérées est une conception plutôt perverse dans laquelle adultes et jeunes se piègent avec la drogue. La solution est-elle dans ce monde clos et sans autre projet qu'une morale hygiéniste et une toxicomanie propre ?

« *Je ne veux plus vivre !* »

Nicolas, quinze ans, s'est suicidé en se jetant par la fenêtre du deuxième étage de son collège sous les yeux effrayés de nombreux élèves et d'enseignants consternés. Ayant été appelé en consultation dans ce collège après ce drame, les jeunes et les adultes ont pu individuellement ou en groupe exprimer leur désarroi, leurs angoisses et leurs interrogations. Le suicide est sans doute la mort pour laquelle il est difficile de faire le deuil de celui qui se soustrait aussi brutalement de l'existence.

Nicolas vivait dans un climat familial sans problèmes et il menait sa scolarité de façon satisfaisante. Ses parents déstabilisés et très perturbés par ce drame se reprochent de ne pas avoir été attentifs à ce qu'il éprouvait sans leur dire. Les enseignants se demandent comment ils n'ont pas su discerner à travers ses faits et gestes son isolement intérieur. Et ses camarades se font grief de ne pas avoir été assez proches de lui.

Face à un geste suicidaire, un sentiment d'impuissance et de culpabilité domine les esprits et amène souvent à vouloir reconstruire les événements et les attitudes qui auraient pu l'éviter. Mais comment percevoir et prévenir une telle éventualité dont les signes précurseurs demeurent, la plupart du temps, indéchiffrables à l'entourage ? Certes, dans de nombreux cas, ils sont visibles et témoignent que le suicide est aussi un appel désespéré adressé aux autres pour renouveler les relations ou demander de l'aide. Il faut toujours prendre au sérieux une plainte suicidaire.

Tous ceux qui vivaient avec Nicolas n'ont pas échappé à la redoutable question : « Pourquoi nous a-t-il fait cela ? » La réponse n'est pas facile à obtenir puisqu'il n'est plus là pour en parler. Nous sommes réduits à quelques hypothèses. Mais la question est tout de même symptomatique puisqu'elle sous-entend qu'il a mortellement atteint ceux qui étaient avec lui et ceux qui l'estimaient et l'aimaient. Ils découvrent qu'il comptait pour eux et, du sentiment de culpabilité, ils passent aux reproches.

La plupart de ses camarades, et en particulier certains qui avaient reçu ses confidences, ont rapporté les propos qu'il tenait depuis plusieurs semaines. Il se disait triste et il ne voulait plus vivre. On a retrouvé quelques-uns de ses textes, des poèmes et un début de lettre au contenu morbide. Ces écrits témoignent d'un climat dépressif proche de la mélancolie et d'une souffrance psychique très profonde qui incline parfois à vouloir la faire cesser en se tuant. À travers son suicide ne voulait-il pas être soulagé de ses souffrances plutôt que mourir ?

On peut supposer que les causes du suicide de Nicolas sont endogènes, c'est-à-dire internes à sa vie mentale et ne dépendent pas de problèmes familiaux ou scolaires. Bien que ces causes, et les conditions de vie sociale, puissent se retrouver dans d'autres suicides d'adolescents. Un ensemble de facteurs peuvent intervenir : neurobiologiques et psychologiques.

Pour ne retenir que ces derniers, certains adolescents ont du mal à vivre des remaniements psychologiques comme leur adaptation nouvelle à la réalité pour agir dessus, le travail de deuil de leur enfance et l'intégration de leur image corporelle. Ils peuvent devenir rigides vis-à-vis d'eux-mêmes par manque de défenses pour assumer la perte que représentent tous les changements auxquels ils sont confrontés. Ils s'attaquent à leur corps (conduites à risques, drogues, pathologie de l'alimentation) qui devient le symbole de ce qui est intolérable à l'intérieur d'eux-mêmes.

Quelle prévention? Elle est difficile dans les états mélancoliques mais ils peuvent être soignés. Des antidépresseurs et une psychothérapie sont de bonnes indications. De façon générale, il est indispensable d'être attentif à de très nombreux indices qui préfigurent un effondrement psychique. Il faut également expliquer aux jeunes que, lorsqu'ils reçoivent des confidences de profonde tristesse de l'un d'entre eux, ils doivent l'inciter à en parler à un adulte. S'il ne le fait pas, alors il est utile de lui proposer de l'accompagner. Il est nécessaire de vivre avec lui ce lien qu'il ne parvient plus à établir avec lui-même et avec les autres afin qu'il découvre que son entourage désire qu'il vive et modifie ce qui a besoin d'être changé.

Drogue : *le sacrifice inutile*

Virginie, dix-huit ans, se drogue avec divers produits : cannabis, ectasy, LSD... Devant l'écart qui se creuse entre ses aspirations et son sentiment d'impuissance, elle a décidé de se faire aider.

Malgré une bonne scolarité, elle souffre de ne pas arriver à prendre des décisions et, surtout, de ne pas savoir ce qu'elle veut. « Parfois, je fais des projets, mais je ne prends pas les moyens pour les réaliser. Je doute de moi ou bien j'imagine que cela va se faire tout seul. Et puis, je me dis : "À quoi ça sert, tout ça ?" Alors je ne fais rien et je m'ennuie. »

Virginie, encore dépendante, cherche à se découvrir et à se comprendre. En parlant, elle a peur d'être jugée là où, en réalité, elle développe un sentiment de culpabilité et une tendance à se dévaloriser. Elle projette sur autrui l'image négative qu'elle a d'elle-même. Éprouver de la culpabilité est un atout pour elle et manifeste ainsi qu'elle est capable d'autocritique et de lucidité sur ses transgressions.

Jusqu'à présent, et sans savoir pourquoi, elle en voulait à ses parents. Elle leur reprochait tout et eux ne comprenaient pas quelles « erreurs » ils avaient pu commettre pour qu'elle soit dans cet état. Elle aurait souhaité rester une petite fille et qu'on s'occupe d'elle sans avoir à assumer les réalités de la vie. Mais, depuis qu'elle a réalisé qu'elle doit « prendre ses responsabilités », elle s'entend mieux avec ses parents.

Elle revient sur son passé et reconnaît qu'elle cherchait à se fuir. « Vers douze ou treize ans, j'étais provocante dans ma façon de tout nier : c'était de la comédie. Maintenant, je suis consciente que je n'allais pas bien, vers quatorze ans, sans pouvoir m'en rendre compte. La drogue était une façon de travestir la réalité. Depuis quatre ans, je suis dedans et je sais ce que je dois faire, je n'y arrive pas complètement. La drogue, c'est bon, mais je voudrais m'arrêter. Oui, c'est bon parce que je ne parviens pas à trouver ce qui est bon dans la vie et je ne sais pas quoi mettre à la place.

« J'ai pris l'habitude de faire la fête en allant dans des boîtes ou dans les soirées *rave*. On se retrouve à deux cents ou trois cents personnes pour une nuit, dans des endroits étranges, en musique, jusqu'à 11 heures du matin. Chacun peut faire ce qu'il veut et toutes les drogues circulent.

« Pourquoi on n'aurait pas le droit de se détruire par plaisir ? Certains sont hospitalisés, d'autres seront handicapés après avoir consommé du crack — il circule beaucoup dans ces soirées, moi je ne veux pas en prendre — mais ça ne les empêchera pas de vivre ! Il y a des gens qui ne savent pas quoi vivre d'autre dans la société. Pourquoi on ne nous aide pas à découvrir ce qui est bien dans la vie si la société ne veut pas qu'on se détruise ? »

La remarque semble pertinente puisque, selon elle, la société n'offre rien de valable à intérioriser si ce n'est soi-même. Mais, à travers cette autoconsommation de soi, qui traduit une crise de ressources personnelles, sa personnalité est aussi en question et souffre de nombreuses carences. C'est pourquoi Virginie commence à se poser des questions, à sortir de ses évidences toutes faites et à réfléchir sur elle-même non sans difficulté.

La drogue est un drame vis-à-vis duquel la société s'enlise dans de faux débats. Nous connaissons les diverses causes qui en favorisent l'usage. Il serait temps de savoir quels plaisirs de vivre sont offerts aux jeunes.

Certains voudraient dépénaliser l'usage du cannabis, sous le prétexte qu'il n'entraîne pas de dépendance physique. La réalité est bien différente, il suffit, pour s'en convaincre, de voir dans quel état cotonneux des élèves de 3e arrivent le matin au collège après avoir fumé un joint. Ils sont dans l'incapacité de se concentrer intellectuellement, comme je l'ai observé à maintes reprises, et finissent par décrocher de leurs études.

Avec ce produit, la véritable dépendance est psychologique et non pas physique et, en plus, il est absurde de mettre en équivalence le cannabis avec l'alcool et le tabac. En utilisant ces arguments, la société se rassure en organisant la mort réelle et symbolique de ses enfants. C'est à ce sacrifice inutile que tente d'échapper Virginie.

CONCLUSION

L'éducateur est un passeur...

Dans le contexte actuel, chacun est renvoyé à lui-même dès l'enfance, selon la formule classique et combien déliante : « C'est ton problème ! » Ce qui ne facilite pas la maturation des individus.

L'immaturité des jeunes adultes, par rapport aux générations précédentes, est un fait maintes fois observé mais n'est cependant pas un phénomène nouveau dans la mesure où, entre vingt-cinq et trente ans (et parfois plus), les fonctions de base de la personnalité ne sont pas achevées ni stabilisées. Il faut néanmoins reconnaître que cette maturité a plus de mal à se développer actuellement dans la mesure où l'environnement éclaté, délétère, et qui privilégie l'immaturité, ne joue plus son rôle de formation.

Les modèles juvéniles, valorisés et retenus comme références d'identifications, donnent l'illusion qu'il suffit de s'arrêter à cet âge de la vie et de se maintenir dans la croyance naïve que « tout est possible » sans avoir besoin de choisir. Cette absence de conscience historique incite certains à penser qu'ils ont achevé leur développement à dix-huit ans, alors qu'ils sont encore en pleine adolescence.

La relation éducative contemporaine a changé d'objectif en privilégiant surtout l'épanouissement et le bonheur de l'enfant. Cet âge de la vie, comme celui de l'adolescence, est donc retenu comme une fin en soi alors que dans une conception classique et plus dynamique de l'éducation, l'enfant ne se comprend que par rapport à l'adulte achevé, c'est-à-dire l'individu parvenu à la maturité de ses fonctions. Nous sommes ainsi passés de l'idéal de l'accomplissement à l'idéal de l'épanouissement ; une perspective certes généreuse, mais qui ouvre moins sur l'avenir. Veiller au bien-être de l'enfant est un souci noble, mais si l'on oublie que les apprentissages et la découverte des réalités sont aussi à l'origine de nombreux efforts, nous risquons de fabriquer des êtres fragiles. La finalité de cette relation éducative qui vise l'épanouissement, alors que l'individu n'a pas encore toutes les compétences psychiques pour en bénéficier, le conforte parfois à se maintenir dans les gratifications primaires. La réalité à laquelle l'adolescent va devoir faire face, à la fois pour y trouver des matériaux nourrissant son processus d'identification et apprendre à composer avec elle, n'apparaît plus comme principe dans les représentations sociales. C'est pourquoi l'épreuve du réel sera d'autant plus éprouvante chez certains qui croyaient les êtres et les choses flexibles selon les sentiments et les envies du moment. L'enfant est ainsi invité à compter plus sur lui que sur les adultes qui sont parfois considérés comme incertains. Pour exemple, la représentation de ces derniers dans les séries télévisées qui montrent des adultes perdus dans leurs intrigues subjectives et impuissants dans leur relation éducative.

La confusion des générations, des sexes, des rôles et des fonctions n'aide pas à se situer valablement les uns par rapport aux autres. Si nous sommes égaux en dignité et que l'enfant est devenu, grâce à la civilisation, un sujet de droit et objet de respect, il n'est pas à égalité psychologique avec l'adulte. Or de nombreux adultes se situent à égalité psychique avec des adolescents et s'empêchent de jouer leur rôle éducatif pour leur apprendre la vie et les règles de la vie sociale. Il y a ainsi des lois objectives qui sont intangibles et qui ne se négocient pas. Pourtant on laisse croire, dans le flou actuel, que tout se discute ou fléchit selon ses intérêts. Nous favorisons ainsi le développement de personnalités perverses qui croient que la loi (à commencer surtout par la loi morale qui ne varie pas à la différence des lois civiles qui se modifient selon les jeux de la démocratie) dépend tout simplement de leur bon vouloir. Le vol, le racket, l'abus sexuel, le meurtre, le parricide sont des phénomènes dont on parle de plus en plus et qui manifestent un grave défaut du manque d'intériorisation des interdits fondamentaux favorisant l'élaboration de la personnalité et la vie sociale. Dans l'absence de ce travail éducatif, qui n'est pas dû au chômage ou à la crise économique, les personnalités juvéniles maintiennent dans l'état premier leur relation qui est celle de la violence ; on l'observe dès l'école maternelle. Si le jeune enfant, et plus tard l'adolescent, n'apprend pas à réguler son agressivité première et fondamentale, il n'aura pas le sens des limites qui lui permettent justement de se personnaliser et de se socialiser.

La relation éducative est avant tout une médiation entre l'adolescent et la réalité, elle n'est donc pas un contrat, ni une négociation permanente où l'on troque une attitude contre un bien quelconque. Sinon la relation éducative, comme lieu d'initiation, d'apprentissage et d'ouvertures sur les réalités, mais aussi de transmission d'un savoir faire, d'une morale et d'une espérance au sein d'une coopération entre les générations, devient l'espace du vide et de l'absence des adultes.

Le système actuel a favorisé l'apparition de personnalités déstructurées et primaires. Leur fragilité foncière les rend superficielles et leur spontanéité, souvent interprétée comme une liberté d'esprit, est l'expression de leur difficulté à occuper leur espace intérieur. Beaucoup se plaignent de ne pas savoir se concentrer dans un travail intellectuel. Les médias, et en particulier la télévision (pour ceux qui passent leur temps à la regarder), ont une influence néfaste sur la formation de l'intelligence. La télévision suscite une attention flottante et elle est souvent regardée en faisant ou en pensant à autre chose alors que le travail intellectuel demande un effort continu et des opérations logiques et rationnelles pour aboutir à une pensée dialectique. De nombreux adolescents se présentent avec une pensée sensorielle et morcelée qui ne parvient pas à mémoriser : or, sans mémoire, il est bien difficile de travailler intellectuellement. La télévision favorise la dispersion de l'esprit mais elle n'a pas les moyens de former la rationalité. Les résultats sont probants quand des élèves passent plus de temps devant l'écran du téléviseur qu'à l'école. Le rôle de la famille est essentiel car, au lieu d'abandonner le jeune à l'envahissement du visuel qui limite son travail scolaire, elle doit l'aider à choisir certaines émissions et à varier ses sources d'informations et de détente à travers la lecture, les activités de groupe, le sport, etc., afin qu'il apprenne à se concentrer. Cependant, il n'y a pas de concentration sans un effort volontaire et durable. Mais qui apprend aux jeunes cet entraînement nécessaire ? L'environnement encourage plus à agir immédiatement le premier désir qui se présente plutôt que de réfléchir et de chercher à en différer la réalisation ou tout simplement d'y renoncer. De ce fait rien ne se prépare et ne s'accomplit dans la persévérance et, en plus, on laisse supposer que tout peut se vivre à n'importe quel âge. Il est parfois nécessaire de dire à un adolescent : « ce n'est pas encore de ton âge » plutôt que d'entretenir l'illusion qu'il peut vivre à dix-sept ans comme s'il en avait vingt-cinq.

Il n'est pas étonnant, dans ce contexte, de voir des personnalités évanescentes qui sont de partout et de nulle part, des personnalités anomiques et impulsives qui intériorisent difficilement les normes à partir desquelles la vie est possible et ont du mal à réfléchir sur elles-mêmes et sur les réalités. Ces attitudes s'observent dans tous les milieux, aussi bien chez les lycéens que chez les étudiants qui parfois vont manifester, avec juste raison, pour demander plus de moyens mais aussi avec des mobiles irrationnels où l'autosuggestion remplace une réelle information sur, par exemple, des projets de réforme en cours. Leur instabilité et leur insécurité foncières les font devenir des conservateurs d'un ordre scolaire et universitaire qui a besoin de changer malgré eux.

Les adultes craignent souvent de rappeler le sens de l'effort lorsque l'adolescent fléchit dans sa constance à demeurer dans une activité, dans un travail ou un projet et qu'il argumente son abandon ou son relâchement au nom de « l'envie » du moment. Or, il ne s'agit pas d'une question d'envie mais de nécessité et l'adulte doit savoir trouver l'attitude pédagogique pour lui rappeler cette réalité, plutôt que de le laisser dans l'errance de la variabilité des sentiments. Il y a des apprentissages (des initiations, des informations) nécessaires à transmettre et à intégrer. Si les adultes n'en sont pas convaincus, ils n'auront aucun sens pour les adolescents et c'est sans doute là que se trouve la racine de nombreux problèmes actuels. Ils sont le signe d'une carence de la relation éducative de laquelle de nombreux adultes sont absents.

La famille elle-même n'est pas toujours en mesure d'offrir les repères suffisants qui permettent aux enfants de se socialiser. La décomposition et la recomposition des familles accentuent ce phénomène, quand des jeunes ont du mal à se repérer par rapport à leurs images parentales et qu'ils sont les témoins de la fragilité des adultes qui ne parviennent pas à résoudre leurs problèmes affectifs autrement que sur le mode de la rupture et de la cassure. Certains, ne pouvant pas s'appuyer sur ces adultes, perdent confiance en eux-mêmes et surcompensent ce manque à travers des conduites agressives ou d'auto-agression. L'instabilité familiale concoure, bien souvent, à la perte du sens du lien social. Si les parents ne sont pas solides et cohérents, alors rien n'est fiable dans la réalité.

La valorisation de l'individu (comme celui qui a le souci de soi et comme sujet de la vie sociale, où chacun se sent responsable de ses faits et gestes par rapport aux autres) peut également régresser dans l'individualisme le plus violent. Ce comportement s'observe dans les activités sportives où le besoin de s'imposer par tous les moyens, et parfois même la haine, se substitue à l'esprit de compétition et au sens de l'équipe. Le club sportif, le mouvement de jeunes, la paroisse, etc., ont sans doute entretenu, à l'instar de l'école, une relation floue avec les jeunes au détriment d'une attitude éducative. Il n'est pas toujours facile de résister aux modes et à l'air du temps. Cependant nous en mesurons trop les conséquences pour continuer de cette façon à laisser les adolescents se débrouiller sans que les adultes jouent leur rôle pour les aider à s'insérer dans l'existence.

Lorsqu'ils ne parviennent pas à se situer dans une filiation parentale et sociale, de nombreux adolescents confondent imaginaire et réalité. Des radios et des télévisions exploitent d'ailleurs cette crise de l'appartenance et de l'intériorité en invitant à mettre sur la place publique sa vie intime. Dire aux autres ce qui se passe en soi montre à l'évidence que l'on ne sait pas occuper sa propre vie psychique. Cette violence verbale qui sollicite ce qu'il y a de plus primaire dans la vie pulsionnelle est à l'unisson de la violence physique des comportements impulsifs.

L'éducateur est un passeur. Il est celui qui donne les moyens à l'adolescent pour qu'il devienne libre et autonome. Mais, sans recevoir l'héritage des générations précédentes, la réalité est difficilement accessible et la vie perd de sa valeur puisque rien ne semble durer à travers l'histoire. Les enfants de cette fin de siècle peuvent avoir l'impression d'avoir été appelés à la vie pour la simple

valorisation narcissique des adultes, plutôt que d'être ins-
crits dans un projet de vie qui dure après eux.

Les adultes ont, sans doute, à retrouver confiance
dans la relation éducative et dans l'exercice de l'autorité
parentale dont ils ont tendance à être dépossédés par des
lois, des leaders d'opinion et les médias. La naissance
d'un enfant crée une responsabilité. Celle de transmettre ce que l'on a reçu, enrichi par l'expérience, pour l'inscrire dans une histoire et lui communiquer une espérance
à partir de laquelle la vie est possible. Lorsque les parents
ont un souci éducatif, ils ont recours à diverses associations ou mouvements de jeunes afin de prolonger et de
donner une dimension sociale à leur perspective pédagogique. En revanche, quand on manque de projet et
de conscience historique, on ne sait plus au nom de quoi
agir auprès des adolescents et justifier ses positions.
L'éducation n'a alors plus de sens et, sans cette médiation, les enfants et les adultes restent dans un face-à-face
où domine la séduction.

Devant l'absence, parfois, de relation éducative, les
adultes se replient sur l'interprétation psychologique.
« Puisque je n'ai rien à te proposer pour exister, alors je
vais t'expliquer ta psychologie. » Ce besoin d'expliquer
en permanence aux adolescents ce qui va se passer, ou
ce qui se passe dans leur personnalité, montre à l'évidence que l'on ne sait pas vivre ni se mettre en œuvre.
Cette attitude est largement exploitée par des émissions
de radio et de télévision et qui, sous couvert de conseils
donnés de façon irresponsable, exploitent et valorisent
le modèle social d'une subjectivité éclatée au bénéfice de
l'expression primaire de la personnalité.

La relation éducative est largement induite par la façon
dont nous concevons la naissance des enfants. Ils sont
désirés au moment choisi par les parents et, de ce
fait, certains pensent qu'ils auront toutes les chances
de se développer sans problèmes. Ils pourront même se

débrouiller seuls, sans avoir besoin de recevoir une transmission quelconque de leurs aînés. Ils posséderaient déjà en eux tous les matériaux pour grandir. Situés ainsi à égalité avec les adultes, ils ont les mêmes droits et peuvent être considérés comme des adultes en réduction. Cette représentation n'est pas viable et situe l'enfant et d'adolescent dans une position de toute-puissance. Des adultes peuvent en avoir peur et n'osent pas intervenir et encore moins faire face à un conflit. Nous avons ainsi inversé la relation omnipotente d'une forme d'éducation qui en imposait trop et qui se retourne contre l'éducateur réduit à l'impuissance.

Si la relation éducative est une responsabilité et un droit qu'il revient à l'adulte d'exercer, elle n'est pas réduite à l'affrontement de deux pouvoirs qui s'excluent. Mais bien au contraire, elle correspond à une coopération entre les générations ; car les enfants et les adolescents ont besoin des adultes pour grandir, et ces derniers ont besoin des plus jeunes pour bien vieillir. Devenir un homme, devenir une femme cela s'apprend.

CLASSEMENT CHRONOLOGIQUE DES CHRONIQUES

1991.
14-15 juillet : À qui profite l'éducation sexuelle ?
18-19 août : « J'ai peur d'être père. »
22-23 septembre : Dérision, l'art de la dérobade.
13-14 octobre : Histoires de « mob ».
3-4 novembre : L'ennui me gagne...
24-25 novembre : La pédophilie socialement encouragée ?
22-23 décembre : « Mes parents ne m'aiment pas ! »

1992.
12-13 janvier : « Quand vas-tu te marier ? »
2-3 février : *L'Amant*, ou l'inauthenticité des sentiments.
23-24 février : De l'avortement raté au suicide.
15-16 mars : « Moi ton père, je suis ton frère ! »
5-6 avril : « Mon image ne me plaît pas. »
3-4 mai : Magazines et livres érotiques pour jeunes.
31 mai-1er juin : Rentrer à l'heure.
21-22 juin : La déprime : « J'ai envie, mais je ne peux pas ! »
26-27 juillet : L'ère des « totoches ».
13-14 septembre : Marquer sa différence.
4-5 octobre : Le bizutage est-il un rite de passage ?
25-26 octobre : Boulimie et refus de grandir.
15-16 novembre : Le rebelle.
6-7 décembre : Avoir confiance en soi.

1993.

10-11 janvier : « Je retournerais bien au catéchisme ! »
31 janvier-1er février : « J'aurais voulu vivre avec mes parents. »
21-22 février : « Je fume encore un peu de shit ! »
14-15 mars : Les décalés du Mardi gras.
4-5 avril : « Il fait la tête... »
25-26 avril : Manger-vomir.
23-24 mai : « J'ai grugé. »
13 juin : L'éducation sexuelle au temps du sida.
4-5 juillet : Sortir des études.
8-9 août : Turbulences corporelles.
12-13 septembre : Cyril Collard, *L'Ange sauvage*.
3-4 octobre : « T'are ta gueule à la récré. »
24-25 octobre : « On m'a coupé les ailes. »
14-15 novembre : « Ma mère, c'est ma grand-mère ! »
12-13 décembre : « Je retourne chez mon père. »

1994.

16-17 janvier : Sans famille.
13-14 février : Idées de suicide.
6-7 mars : « Je me suis fait tout seul ! »
27-28 mars : Consultations radiophoniques.
24-25 avril : Les dérives de la prévention du sida.
15-16 mai : Vous avez dit « malaise des jeunes » ?
12-13 juin : Prévention du sida : mais de quoi parle-t-on ?
3-4 juillet : « Je préfère agir plutôt que parler... »
21-22 août : Les vacances d'été du préservatif.
11-12 septembre : Du manque de ressources à la toxicomanie.
2-3 octobre : « La famille, c'est génial ! »
23-24 octobre : Le passé, c'est l'avenir.
13-14 novembre : Y-a-t-il un adulte sur les ondes ?
18-19 décembre : « Je ne veux plus vivre ! »

1995.

22-23 janvier : Accepter son âge.
12-13 février : Drogue : le sacrifice inutile.
5-6 mars : « Tu en dis trop ! »

TABLE DES MATIÈRES

Affectivité et sexualité

Le mal de vivre

Imprimé par JOUVE Paris
N° d'édition : 9947
N° d'Imprimeur : 227236A
Dépôt légal : Juin 1995